ばかスイーツ

アスペクト

べっやくれい

「ばかスイーツ」誕生物語

この本をお手にとっていただき、ありがとうございます。

とりあえずこの本の誕生秘話でも。

ある日の午後、筆者は打ち合わせに向かっていた。

デイリーポータルZというサイトに掲載された記事を再編集して本にするための打ち合わせである。
デイリーポータルZとは
ニフティの運営するよみものサイト。
URLはこれ。
http://portal.nifty.com

会議中
デザート系の記事がけっこうあるので、スイーツ本はどうですかね
女の子ウケしそうなやつ!
ステキっぽい表紙で!
筆者は提案した。
すると、
でも、ばかみたいなのしか作ってないじゃないですか
OH
筆者以外の全員にそう指摘された。
ここは何とか食い下っておきたい。
じゃあ、「ばかが考えたお菓子」っていうコンセプトで…
「ばかスイーツ」にしたらどうですかね
・・・・・
ばか…
・・・・・・・
スイーツ…?
……それでいいか
「ばかスイーツ」はこうしてできたのです。
それでは本編へどうぞ

もくじ

もくじ

4 番外編

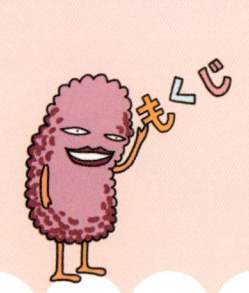

1

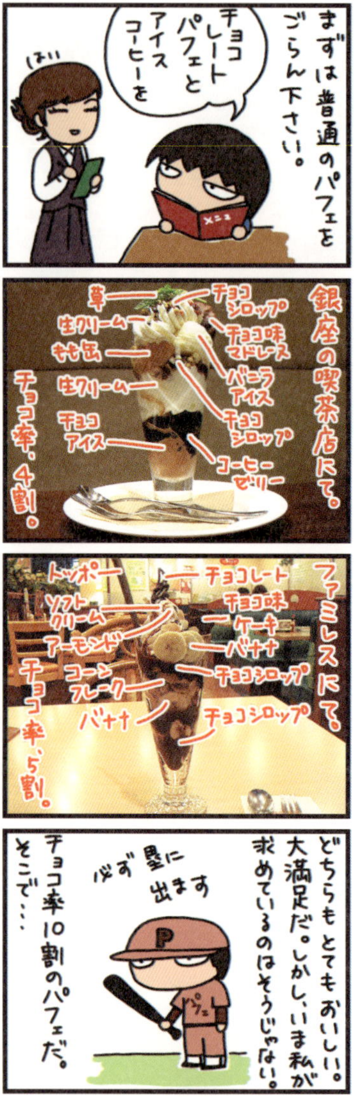
まずは普通のパフェをごらん下さい。
チョコレートパフェとアイスコーヒーを
はい
メニュ
銀座の喫茶店にて。
草
チョコシロップ
生クリーム
チョコ味マドレーヌ
もも缶
バニラアイス
生クリーム
チョコシロップ
チョコアイス
コーヒーゼリー
チョコ率、4割。
ファミレスにて。
トッポ
チョコレート
ソフトクリーム
チョコ味ケーキ
アーモンド
バナナ
コーンフレーク
チョコシロップ
バナナ
チョコシロップ
チョコ率、5割。
どちらもとてもおいしい。大満足だ。しかし、いま私が求めているのはそうじゃない。
必ず塁に出ます
P
パフェ
チョコ率10割のパフェだ。
そこで…

100%
チョコレートパフェ

私は、チョコレートが好きだ。
大好きと言ってもいい。
したがって、チョコレートパフェも
大好きだ。
だが、チョコレートパフェを注文
するたび、いつもいつも思うこと
がある。
チョコレートパフェと言いつつ、
チョコレートじゃないものが入って
いるではないか。すべて
チョコレート味でそろえてこそ、
チョコレートパフェなのでは
ないか。

※パフェはフランス語で「パーフェクト」の意。

買い集められた材料たち
自分で作ることにしました。
アイス
チョコシロップ
ガトーショコラ
ムース
MORINAGA
CHOCO
LOTTE
MILK CHOCOLATE
Ghana
galbo
galbo

コーンフレークのかわりにチョコフレークを。

チョコレートムース、チョコ生クリーム、チョコカールと重ねる。
時々チョコシロップを投入。

その上に、チョコアイス、チョコ生クリームを入れ、チョコ味のケーキ2種をのせる。

残りのチョコレートたちを頂上に飾り、できあがり。

ザ・図解。
板チョコ
ガルボ
ケーキ
5円
生クリーム
アイス
カール
生クリーム
ムース
チョコフレーク
ガトーショコラ
食べてみましょう。

まず、上に飾ったチョコたちを食べる。
「卵はこびで見る心情風景」
当然だが、どれもチョコレートそのもの、という味だ。
…ところが、板チョコやガルボなど、チョコそのものを平げたら、チョコ欲がけっこう満たされてしまったのだ。
卵、ダチョウの卵になる
おお
私のチョコへの愛はこの程度だったのかと落胆。
だが、ガトーショコラとチョコ生クリームの組み合わせが軽めでおいしかったため、チョコ欲が復活する。
身軽復活
その後も、チョコアイス、カールと順調においしく食べ進んだのだが、また障害が出現。
ジャングルでの障害例。
わあ
チョコムースにさしかかったところでまたチョコ欲が満ち足りてしまったのだ。
このムースが生チョコのように濃厚な味で。うまいけど、濃い。
ぬぬう
ボーリング玉に
脳ミソが脳チョコに進化したような感覚をおぼえる。
しかし残りはムースとチョコフレークのみだったので、割とすぐに食べ終えることができた。
今なら鼻血のかわりにチョコが出せそうだ。
自信あり
もう、みなさまうすうす気付いていると思いますが、
100%チョコレートパフェはチョコレート過ぎました。
チョコたちには申し訳ないことをしてしまった…。
チョコレートそのものをばんばん投入したのが敗因かもしれません。そこで…

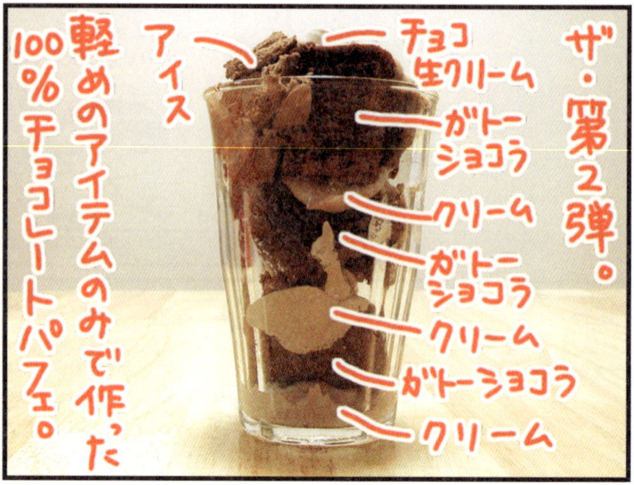
ザ・第2弾。
チョコ
生クリーム
ガトーショコラ
クリーム
ガトーショコラ
クリーム
ガトーショコラ
クリーム
アイス
軽めのアイテムのみで作った
100%チョコレートパフェ。

第2弾は普通においしかったです

こちらは普通にいける出来映えに。
チョコフレーク入れてもいいかも
うまい
もふもふ
アイスや生クリームが、甘さひかえめのガトーショコラとよく合います。

2度目に作ったパフェは、チョコレート好きの方には気に入っていただけるのではないでしょうか。
似たようなもので代用できると思いますのでお試しいただけたら幸いです。
また、「我こそは！」という方がいらっしゃいましたら、第1弾の方も、ぜひ。
ちなみに第1弾パフェのあとに「味塩こしょう」をなめてみたところ、ひどくおいしく感じました。
メリハリの大事さを知りました。

味塩こしょう
荒挽き黒こしょう

メリハリ。

牛乳で作ったら
うまいのでは

ミルクっぽくて甘いものが好きだ。

ソフトクリームでもプリンでも、より牛乳っぽく濃厚なものの方が素敵に感じる。

さっぱりとして酸っぱいものや、ギトッとしてしょっぱいものも好きだが、今回の話とは関係ないので、ふれないでおく。

今から数年前、家にインスタント杏仁豆腐的なものがあった。お湯でといて、冷やし固める、というものだ。私はその作り方を無視して、牛乳でそれを作った。それはお湯で作るよりも、数段おいしく感じられた。牛乳っぽくなっていたからであろう。

そこで、通常は牛乳を使わないデザートのもとを集めて、牛乳で作ったらどうなるのかと考える。きっと、自分好みのうまいものができあがるはずだ。

まずは、数年前に作った
杏仁豆腐を
再現してみます。
パオパオ杏仁
さっぱりと冷たい杏仁豆腐の素
たぶん、これを
使いました。
アレンジの方法はいたって
簡単。
お湯のかわりに
温めた牛乳で
作ります。
MILK
作ったあと袋の裏に少量の
お湯でもとを溶き、
牛乳を加える方法が書い
てあるのを発見。
牛乳を入れた
コクのある杏仁豆腐のつくり方
①60℃以上の熱湯 350mlの中に
小袋(75g)の中身をあけ、泡立
て器で1分間よくかき混ぜて
溶かします。
②牛乳 150mlを加えて混ぜ合わ
せ、すばやく器に流し冷蔵庫
・・・・・。
いやいや、こっちは
100%牛乳で
作ってるしさ…
誰に向けたものか不明の
言い訳をしてやりすごす。
こうしてできたのが
これ。
・牛乳っぽいが、濃厚さは
あまりなく、さっぱり。
・牛乳のにおいがけっこう
強く、杏仁豆腐という
より牛乳かんみたいだ。
・でも、安心できるおいしさ。
うまい
妖怪に例えると…
一反木綿
布のような姿をして
おり、空を飛ぶ。
たぶん、綿100%
なので、安心
だと思う。
ウシ柄
こんな調子で、いくつか
甘いものを作ってみました。
ゼリエース
シャービック
白玉だんご
わらびもち
水ようかん

シャービック
メロン

シャービック

- コンビニとかにあるメロンオ・レの味だ。
- はじめは冷たくてわからないが、とけてくるとどんどん牛乳っぽさが出てくる。
- 約25年ぶりに食べたよ。

無理に妖怪で表すならば…
こなきじじい
老人の姿で赤ん坊のような
声を出す。
抱きあげると、どんどん重く
なり、石のようになる。
共通点は「どんどん」てとこだけだがな
MILK
牛

ゼリエース

ゼリエース

- いちごオ・レの味かと思いきや、酸味が強くヨーグルトっぽい。
- その酸味のせいで、分離しがち。
- 牛乳を入れたことで、酸味が強くなってる気がする。
- が、これはこれでうまい。

あえて妖怪でいえば…
牛鬼
牛のような角を持ち、海の
底に住む妖怪。
住みかに近づく
と、船を沈め
られてしまう。
要は、牛っぽくて
強いもの、だ。
いちご

和菓子の素
わらびもち

わらびもち

- 見た目は立派な牛乳ぶりだが、牛乳の味はしない。
- よく味わってみると、遠くで牛乳の味がするようなしないような…というくらいの感じ。

妖怪に置きかえるならば…
ざしきわらし
天井裏や古い土蔵に住んでいて、大人にはその姿は見えないらしい。
見えそうなのに見えないのだ。
震子像じゃないぞ。

水羊羹

水ようかん

- 普通の水ようかんより、マイルドで食べやすい。
- 甘さもやわらかくなった感じがする。
- おためしあれ。

強引に妖怪にすると…
あずきとぎ（牛バージョン）
夜、川や谷で、小豆をとぐような音をさせる。人を傷つけたり、殺したりはしない。
そんなマイルドな妖怪です。
ショリショリ

まとめ

6つの甘いものを作り食べ比べてみたところ、結果を3種類に分類できることがわかった。

・マイルドになったもの

杏仁豆腐、シャービック、水ようかん。これは牛乳ようかんというべきか。…牛乳ようかん、と書くとあまりおいしそうに聞こえない。がっかり。

・ヨーグルトっぽくなったもの

ゼリエース。

・牛乳っぽさが消えたもの

わらびもち、白玉だんご。牛乳というのは、けっこう主張する食品だと思っていたが、わらび餅粉ともち粉には負けるのだ。弱点とは、意外なところにあるものである。いろいろと、気をつけたいものだ。

なお、みなさまうすうすお気づきのことと思いますが、妖怪は描きたかっただけです。

和菓子の素
白玉だんご

白玉だんご

- 普通のだんごだ。
- 見事なまでに牛乳っぽさが隠れてしまっている。
- 甘いものばかりが続いたので、みたらし味が素敵にうまかった。

しっこく妖怪に例えると…
べとべとさん
夜道を歩く人の後ろをついてくる。恥ずかしがり屋なのか「べとべとさん、先へお越し」と言って道をゆずると、いなくなってしまう。
すぐに消えますから…

まず、どんなデコレーションにするか、イメージを考えましょう。
ぬーん

地獄デコでバレンタイン

2月になると、世の中はけっこうバレンタインである。
デパートやらスーパーやら、街のちょっとしたすき間にもチョコレート売り場ができる季節だ。

話は微妙に変わるが、手作りチョコを作ったことがない。
個人的に「私が作るナゾの物体より、買ったチョコのほうが何十倍もうまいだろうよ」と思っているためなのだが（そしてそれは正しいと思うのだが）、作ることに興味がないわけでもない。
特にデコレーションなんて、かなり楽しそうだと思う。

うまそうとかまずそうとか言ってないで、素直に1回やってみましょうかね。

地獄!
イメージが固まったところで、ハンズに買い出しに向かうことに。
♪ボゲ〜〜
バレンタイン特設コーナーのラブリーな雰囲気の中、どうやって地獄を作ろうか悩む人物1名。
not 地獄
not 地獄
地獄
さて、まずは地獄の地面を作っていきましょう。
地面ていうか本体ですな。
地獄の地面(本体)に選んだのはこれ。
ガトーショコラ。
cuoca
GATEAU CHOCOLAT
しっとり濃厚ハートのガトーショコラ
LOVELY SWEET FOR SPECIAL DAY
選んだ理由は、超簡単そうだったからです。
材料をまぜて、
焼くだけ。
どーん。できました。

次は鬼や池に沈んでいる人を作ります。
何で作るか悩みましたが、マジパンで作ってみようと思います。
マジパンの作り方
同量のアーモンドパウダーと粉砂糖に、卵白を加え、
何だか粘土のようになったら、できあがりです。
形にしていきましょう。
沈んでいる人パーツ4つ。
ちょっと「やあ」みたいになっているのは、
強度がなくて、細長いものがうまく作れなかったためです。
こーゆーのを作りたかったのだが、できなかったのだ
あと、形を作ろうとこねているうちに、
どんどん油分が抜けてパサパサに!
急がねば!
部分的にパサつきが感じられる鬼になりました。
このへんとか
このへんとか

いよいよデコレーションにとりかかります。
がんばります。

のり代わりにチョコレートシロップを塗って、
HERSHEY'S
CHOCOLATE SYRUP

沈んでいる人を配置。

そこへストロベリークランチをぶちまけて血の池地獄のできあがりです。
鬼側はクッキークランチを使って、同様に作ります。

Gateau 鬼

Gateau
沈んでいる人

Gateau 骨

Gateau　地獄

実際に
使ってみましょう

バレンタインまんが
べつやく先輩とべつやくちゃん
こんなところに呼び出されたが、いったい何の用だ？
べつやく先輩
おや、あれはべつやくちゃんじゃないか。
べつやくちゃん
たったったっ
べつやく先輩、あの…
セトモノ
これ、私の気持ちです！

手作り地獄で
バレンタインを

デコレーションするのも楽しかったですし、手作りガトーショコラも思った以上においしかったです。

手作り地獄も楽しいので、今年のデコレーションに悩んでいる方がおられましたらぜひ。

気持ちが伝わるかどうかは別ですが・・・。

…なんだろう、このお荷物
みたいなもの…。
開けてみよう。
!!
ギャッ
地獄!!

イモモチを初めて食べたのは大人になってからでした。
あっ見たことない食べ物がある！
何かの飲み会 in 居酒屋。
食べよう
見たことない食べ物があったら、できるだけ食べてみる主義である。
ゴキブリだったら、真っ先に罠にかかるタイプだと思う。
見たことないエサだと思ったら罠じゃん！
もしくは毒エサ食べちゃうタイプだ。
ゴキブリじゃなくて本当によかったと思います。
べっやくホイホイとかなくてよかったー。
ホー
……いや、そうじゃなくてイモモチだ。

いろんなイモでイモモチ

イモが好きである。
そしてイモモチも好きである。
イモモチはイモというよりモチに近い食べ物だが、モチも大好きなので心配ご無用だ（誰も心配してないとは思うが）。

そんなすばらしいイモモチだが、ジャガイモ以外のイモで作るとどうなるのか。
疑問を持ってしまった今、イモ好きとしては試さないわけにはいくまい。

うまい
もふ――
これは一体何だろう……
……へー、イモモチかー
おぼえとこう。
メニューでかくたん ←
ドリンク
メニュー
こういうところは、我ながらとても勉強熱心だと思うが、残念なことに食べ物に対してしか生かされていない。
こうして私はイモモチの存在を知ることができたのです。
特別講演
イモモチとわたし
それでは、張り切って作ってみましょう。
うおーい
気をとり直してイモを買いに行く筆者。
用意したイモはこちらの4種。
サトイモ
さといも
ナガイモ
ジャガイモ
（正解）
サツマイモ

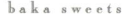

基本のイモモチの材料が、
・ジャガイモ1コ(約150g)
・片栗粉大さじ2〜3
らしいので、まずはこれを基準に作ってみましょう。
で、作りながら片栗粉の分量をみていこうと思います。
イモをゆでて、熱いうちに皮をむいて、つぶします。
そこに片栗粉を入れて、よくまぜます。
そろそろイモも冷めてくる頃なので、手でよくこねます。
これでタネのできあがりです。
他のイモでもどしどし作っていきましょう。
芽→
(毒)
サツマイモは、ジャガイモと同じ割合の片栗粉でジャガイモと同じような手触りのタネになりました。
ちなみに、
サツマイモ1本約290g
片栗粉 大さじ5
この分量で作りました。
問題はサトイモ。2コで130gだったので片栗粉は大さじ2でいいかと思ったのですが
接着剤かと思うほどのべっとり感を発揮。
手全体にくっつき、手が巨大化する
おお
大さじ2の片栗粉を足したらなんとかおさまった。
→片栗粉は全部で大さじ4
それでもジャガイモやサツマイモに比べるとぬにぬにします。

さらに大きな問題はナガイモ。
うっかりすりおろしてしまったら、大さじ4の片栗粉でもペっとペとだったので、そこへ大さじ2ほど追加。計大さじ6入れてしまった。
ナガイモは約110gしか使ってないのにですよ。
ハシを使うことを学ぶ

そんなドラマを経て、
丸められたタネのみなさん。
ナガイモ
ジャガイモ
サツマイモ
サトイモ

バターで表面に焦げ目がつくくらいまで焼いたら、
できあがり。

食べてみましょう。
いももちまーす
いただきますとかけてみたが「い」しか合ってなかった。
皿描きわすれた

↑

たれはみたらしっぽいたれを作ってつけてます。

ジャガイモ

・ちゃんとイモモチになってる

・知ってる食べ物だ

イメージ
あ、この人知ってる、って思う。
見たことある!

サトイモ

- 通常のイモモチよりふんわりしててなめらかだ
- サトイモのぬめっとした感じはない
- チャレンジングなイモモチかと思いきや、なかなかおいしい

イメージ
アフロみたいな
おもしろ帽子発見!
モジャー
おもしろになるかと思ったのに
違和感がなかった。
モジャー

サツマイモ

- モチモチした蒸かしイモみたいだ
- ジャガイモに比べてサツマイモの味がしっかりする
- 意外性はなかったが、予想通りのおいしさ

イメージ
こちら
ゆでたまごに
マヨネーズを
のせたもの
です
うまそう
想像通りのうまさ。
うまい

ナガイモ

- 弾力のありすぎるモチモチ感
- よく考えたら片栗粉とナガイモって つなぎ&つなぎでは
- そりゃ確かにすごい弾力だ
- 作っているときはどうなるのか心配 だったが、味は1番クセがなかった

…と、ここまで描いてふと気がついた。

ナガイモもゆでて 使うべきではなかったか。

すりおろして 使っちゃった けれど。

ゆでタイプも作ってみよう。
ちなみに 約120g

ゆでタイプは、片栗粉大さじ2.5で、まとまった。

強烈なおばけが出ると うわさのスポットで きもだめし。
イメージ
こわいなー

ものすごい普通のやつ 出てきた。
えー

ナガイモ（ゆでタイプ）

・すりおろしタイプよりやわらかい
・ほんのり ナガイモの香りがする
・今までの中で1番モチっぽい
・にーってのびたりする

でも
本物のモチ
ほどはのびない。
にー

イメージ
わー
モチっぽいイモモチを手に入れた！

今度は
イモモチ雑煮だ

イモモチはけっこうモチだった。これだけモチなら、モチの代わりにしてもいいんじゃないかと思う。

普通の家でモチつきをするのは大変だが、イモモチなら1人でも鼻歌まじりで簡単に作れる。
イモモチ雑煮、イモモチ汁粉、きなこイモモチ、からみイモモチ、・・・夢がどんどん広がりますね。

MY DREAMS

干し梅を食べ比べました

先日、仕事中にちょっとつまむおやつ用に、種ぬきの干し梅でも買おうと思い、雑貨とかおかしなどを売っている店に入った。干し梅のコーナーを発見してびっくりした。

種類がいっぱいあったのだ。

その中からひとつだけ選ぼうかとも思ったのですが、大人なので全部買って食べ比べてみることにしました。

カンロ
まるごと
おいしい干し梅。
やさしいイメージの
パッケージです。
KANRO
梅の恵み
種ぬき
まるごとおいしい干し梅
やわらか
甘ずっぱい

・甘さ、すっぱさ、しょっぱさが
同じぐらいの強さ。
・図らずも、基準にちょうどいい
バランスなのでは、という味。

なので、これを基準にさせて
いただきます。

なとり
種ぬき
梅スッキリ。
珍味でおなじみのなとり。
梅
スッキリ
種ぬき

・全体的にしっかりした味。
・お茶といっしょにいただくと
とても合うと思う。

水中はやや混雑ぎみです。

うめ工房
種ぬきほし梅。
沖縄黒糖入り。
うめ工房
種ぬき
ほし梅
しっとり甘酸っぱい
沖縄黒糖

・黒糖が効いているからか、甘みがやや強め。

・かみごたえのあるかたさ。

甘みが主張している分、ワニを少しかっこよくしておきました。

ムラオカのほし梅
ハチミツ入。
梅しばで有名な
ムラオカですね。
ムラオカの
ほし梅
タネ
取っちゃいました!
ハチミツ入

・甘みよりも酸味のほうが強く感じる。

・やわらかい

・塩分ひかえめの梅干に近いかもしれない。

ナマズ満点。

ムラオカのほし梅
黒糖黒酢入。
方程式っぽく書くと、
黒(糖+酢)ですね。
ムラオカの
ほし梅
タネ取っちゃいました！
黒糖黒酢入

- 黒糖が効いて甘みがある。
- 黒酢も効いているらしく、酸味も強いように感じられる。
- あと味はさっぱりしている。

ナマズをレモンにして、「さっぱり」を表現してみました。

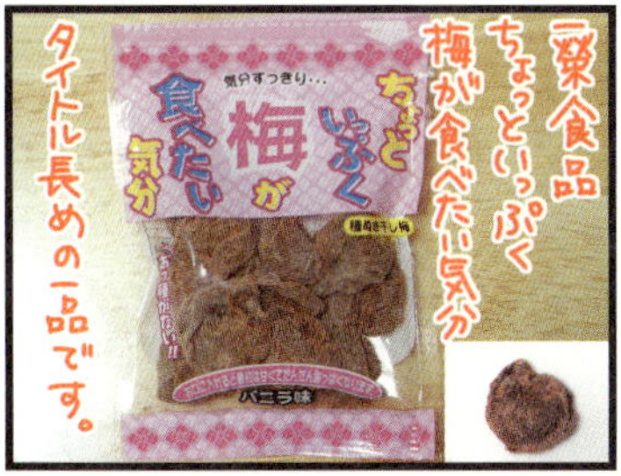
一榮食品
ちょっといっぷく
梅が食べたい気分
タイトル長めの一品です。
気分すっきり…
ちょっといっぷく
梅が
食べたい
気分
バニラ味

- はじめは甘みが強く感じられるが、後から酸味が出てくる。
- しっかり干しました！と思わせるかたさ。
- バニラの香りがする。

マリモをウニにしてかたさを表現、ソフトクリームでバニラを表現してみました。

・とてもやわらかい。

・パンチのある商品名とは裏腹に、味はマイルド。

・お茶とかなくてもパクパクいける。

生き物たちを喜んでる感じにしてソフト＆マイルドを表しました。

干し梅選びの参考になったら幸いです

・平均的な味のものを選びたいときは
カンロ「まるごとおいしい干し梅」

・濃い味のものを食べたいときには
なとり「種ぬき梅スッキリ」

・甘みを重視したいときには
うめ工房「種ぬきほし梅」

・リアル梅干っぽさがほしいときには
ムラオカ「ほし梅 ハチミツ入」

・酸味を求めているときには
ムラオカ「ほし梅 黒(糖＋酢)入」

・お菓子っぽいのがいいときには
一榮食品「ちょっといっぷく梅が食べたい気分」

・のどの乾きを気にせず食べたいときには
平成の郷「たね！とっちゃったね。」

あと、「うめ工房」は「安部公房」と似ていると思いました。音が。

※情報は2009年のものです。現在はない商品もあります。

2

クッキーで作るタコ図鑑

まずはタコ抜き型のかわい
さをごらんください。

この「やあ」ってなってる
ところがかわいいと思うの
です。
やあ

では、クッキーを作って
いきましょう。
うおー

材料のみなさん
バター 45g
砂糖 45g
卵 1/2
薄力粉 180g
粉
SUGER

以前、かっぱ橋の菓子用具の店でタコの形の抜き型を見つけ、あまりのかわいさに思わず買ってしまった。この型で作るタコ型のクッキーもさぞかわいいことだろう。

しかし、ただ作るだけではなんとなくつまらない気もする。作ったタコたちを何かに活用してみたい。

水族館みたいにするには他の水棲生物クッキーも作れなければいけないし（タコ型しか持っていない）、タコ焼きや酢ダコも無理だ（クッキーだから）。

本物のタコと同じような柄にデコレーション（タコレーション）して、タコ図鑑を作るのは可能なんじゃないか。

分量はおおよその量なので、気分や好みでアレンジして大丈夫です。
分量をきちんとしなければいけない菓子界において、数少ない「適当でもできる菓子」だと思う。
ちなみに今回は上の分量で作ったが、個人的にはもう少し甘い方がよかった。
砂糖を愛しているかたはご注意下さい。
作り方もかんたん。
室温にもどしたバターに砂糖をまぜ、そこへ卵を入れてまぜる。
さらに薄力粉を入れてよくまぜる。
略して「まぜる」だけでいいのでは。
できた生地をめん棒で伸ばし、型を抜いて焼きます。
焼き上がるまでの間を埋めるどうでもいい話
クッキーとおれ
高校生の頃、自分の中で菓子作りが流行した時期がありました。
今日はチョコチップクッキーでも作るか
「趣味はお菓子作りです」みたいなキャラに密かに憧れていたので、
上手にできたから明日おともだちにあげよう
こんなのな。
細い足首
それに近づけたような気がして、当時は達成感すら感じていました。
が、残念ながら現実は、野生動物なみの食い意地を持ったメタル好き、というキャラが99%をしめていました。
超うまくできたから学校持ってかないで全部自分で食っちゃおー
99%
私服がバンドTシャツ
象

簡単にいうと、全く近づけてなかったわけです。
ていうか、ハンデありすぎじゃないか
野生動物とて女って。
ピョロリロリ
あ、できた
タコたちが焼けました。
冷めたら、タコレーションにとりかかりましょう。
クッキー焼いたにおい久しぶりにかいだ
ホカー
できあがったタコたちを、次の13種類のタコにしていきます。
・マダコ
・マメダコ
・サメハダテナガダコ
・テギレダコ
・ワモンダコ
・シマダコ
・ミズダコ
・イイダコ
・カクレダコ
・ミミックオクトパス
・メジロダコ
・ヒョウモンダコ
・オオマルモンダコ
なお、参考にさせてもらったのはこちらの本。
私が探した中では、載っているタコの種類がもっとも多かったのだ。
イカ・タコガイドブック
ダイバー&ナチュラリスト必携
日本初、イカ&タコの生態写真図鑑
本には13種類以上のタコが載っているのですが、今回はデコ用材料で描けそうなタコたちを選びました。
透明なのとか、作るやつに似てるのなどは外しました。
ご了承ください。

タコレーション方法は次の2種類用意しました。
チョコレートのペン
・ペン型なので、使いやすそう
・おいしそう
アイシング
（砂糖でコーティング）
・元が白なので自由に色がつけられそう
タコたちを分けてみました。
・マダコ→アイシング
・マメダコ→ア
・サメハダテナガダコ→チョコ
・テギレダコ→ア
・ワモンダコ→チョ
・シマダコ→チョ
・ミズダコ→ア
・イイダコ→チョ
・カクレダコ→チョ
・ミミックオクトパス→チョ
・メジロダコ→ア
・ヒョウモンダコ→ア
・オオマルモンダコ→ア
実際にタコレーションしてみましょう。
まずは チョコで ワモンダコ シマダコ カクレダコを 作ってみよう。
完成予想図はこんな感じ。
ワモンダコ
シマダコ
カクレダコ
現実。
これとこれはまあいいとして、
こいつの柄をもう少しなんとかしたい
と思って爪楊枝でいじってみたところ、
うまくこう、にょーんてできないもんかね
ぎゃー。
※作り直しました。

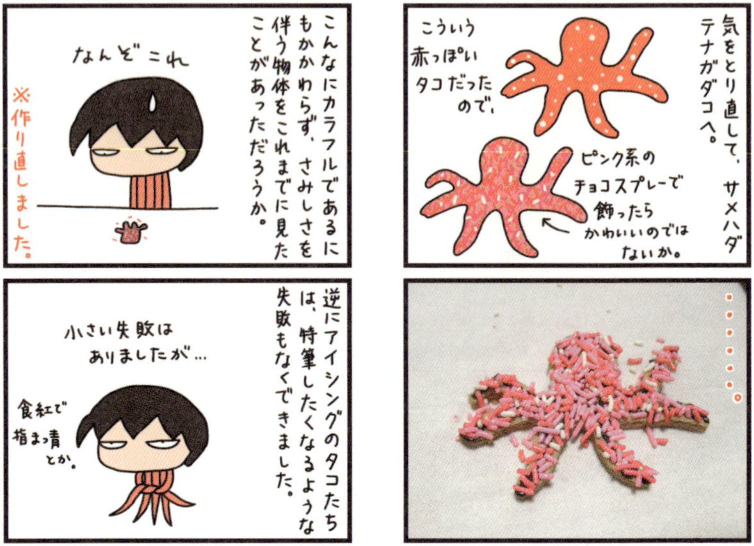
気をとり直して、サメハダテナガダコへ。
こういう赤っぽいタコだったので、
ピンク系のチョコスプレーで飾ったらかわいいのではないか。
こんなにカラフルであるにもかかわらず、さみしさを伴う物体をこれまでに見たことがあっただろうか。
なんぞこれ
※作り直しました。
・・・・・・・。
逆にアイシングのタコたちは、特筆したくなるような失敗もなくできました。
小さい失敗はありましたが…
食紅で指まっ青とか。

では、図鑑をごらんください。

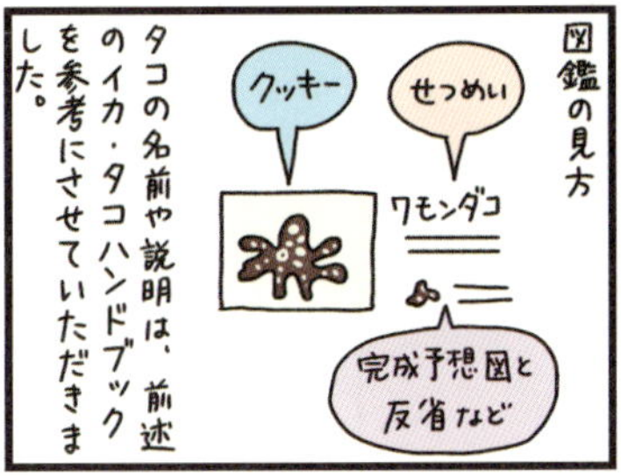
図鑑の見方
せつめい
クッキー
ワモンダコ
完成予想図と反省など
タコの名前や説明は、前述のイカ・タコハンドブックを参考にさせていただきました。

ワモンダコ

南西諸島より南のインド～太平洋全域に生息。食用として利用されている。

輪紋

41ページで輪紋を描き忘れていたのであわてて描いた。

シマダコ

奄美諸島からイースター島に至る範囲に生息。

不注意で斑が大きくなってしまったところがあるのが反省点

カクレダコ

国内では沖縄、奄美諸島あたりに生息の記録がある。

41ページでは失敗したが、2度目はそこそこうまくできたと思う。

ミミックオクトパス
（Thaumoctopusの一種）

紅海からニューカレドニアまでの広い範囲に出現。
毒のある生物に擬態し、身を守る。

足のシマ模様をもう少しはっきりすればよかった。

イイダコ

北海道南部より南に生息。
ヨツメダコ、スナダコも外見が似ている。

デコとしてのバリエーションを考えての粒々だったが、つけすぎた。

テギレダコ

相模湾、瀬戸内海に生息するらしいが、記録は少ない。
捕まえようとすると、腕を切って逃げる。

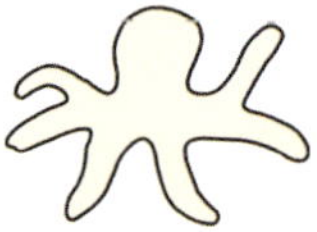

完成予想図通り。一色だけど。

マダコ

一部の範囲を除く日本全国に生息。
全長60cm、3.5kgになるものも。

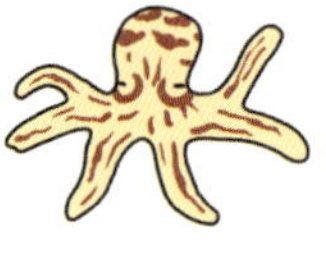

ベースになる色が濃すぎたのが反省点。

マメダコ

房総半島より南の日本全国に
生息する小型種。

よく見ると
細かい模様が
あるようだが、
そこまでは
描けなかった。

サメハダテナガダコ

房総半島からインドネシア
まで生息。咬毒がある。

前ページの
リベンジ版。
はじめから
こっちで作れば
よかった。

メジロダコ

目の両側くまがあり、その下が
白っぽい。毒がある。

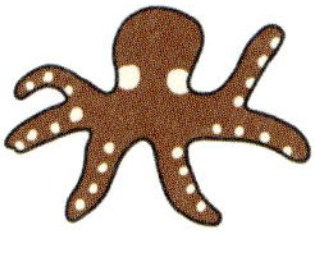

悪くない出来
だと思う。

ミズダコ

本州北部から北の広い範囲に
生息。体長は最大で３mにも
なり、タコ界の横綱といわれる。

線がもっと
スムーズだと
よかった。

オオマルモンダコ

南西諸島からインドネシア、
南太平洋の広い範囲に生息。
毒がある。

今回もっとも
気に入っている。
色もPOPだし。

ヒョウモンダコ

房総半島から南の日本沿岸に
生息。人を殺せるほどの毒が
ある。

好きなタコなの
で、もっと毒が
ある感じにして
あげたかった。

そういや世間はバレンタインだ

今回のタコレーション用にチョコペンやアイシング用の粉砂糖を買いに行ったら、製菓コーナーがすっかりバレンタインだった。
通常の製菓コーナーの倍以上の品揃えに、タコレーションに使えそうなステキなサムシングがあるのでは、と浮き足だったが、ハート型やせいぜい星型ばかりで、吸盤型の小さい砂糖菓子とかそういうのはなかった。

バレンタインにタコ型のお菓子を贈ると気持ちが伝わる、なんて聞いたことないもんな、と思い買い物して家に帰った。

簡単にショートケーキが作りたい

クリスマスといえば、ケーキである。
とはいえ、クリスマスにケーキを食べるには大変な困難が待ち受けているのが現状だ。

・ケーキ売り場はどこも大混雑で、ケーキを選ぶこともままならない
・自分で作ろうにも、スポンジケーキ作りは難しい
・市販のスポンジケーキはファミリー向けなので大きすぎる

X'マスケーキ
くれー
わー
わー
ケーキー

ありゃ
ふしゅ

もがー
でかいー くるしいー

できれば、こんな大変な思いをせずにケーキにありつきたい。簡単にショートケーキを作る方法を考えました。
簡単に作ろうとする上で、ポイントはやはりスポンジケーキの部分だと思う。
スポンジケーキを
何で代用するか
ですな。

サンタクロースでいうとおじいさんの部分だ。
いちご
クリーム
スポンジ
ここ！
クリーム
いちご
クリーム

まずは本物ぶりを確認しておきたい。
もががー
本物
メリークリスマス！
ははは
いい子にするんだぞ。
子って歳じゃなさそうだけどな。
ありがとうサンタさん
わーい
わーい
…と、本物。
・おいしいし、正しい感じがする
・主張しすぎず、他のものと調和している
・フォークだけでちゃんと切れる
・適度な弾力
というわけで、代用候補をさがしにスーパーへ。
スポンジケーキになる子、いねがー
鮮魚
なまはげ気分でさがし、スーパーを震撼させる筆者。
見つけてきたスポンジ候補のみなさん
ホットケーキ
カステラ
食パン
むしケーキ

では、他のスポンジたちも食べてみましょう。
これは違うスポンジだ。

カステラ。

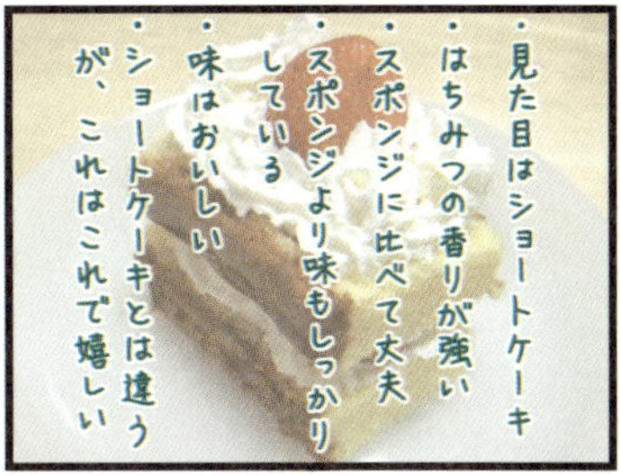
・見た目はショートケーキ
・はちみつの香りが強い
・スポンジに比べて丈夫
・スポンジより味もしっかりしている
・味はおいしい
・ショートケーキとは違うが、これはこれで嬉しい

ロボだ
メリイクリスマス
本物より丈夫な素材
これはこれで嬉しい
わーいロボだロボだ

ホットケーキ。

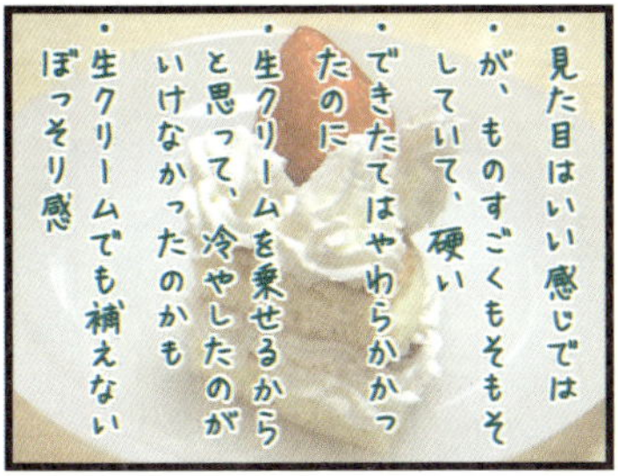
・見た目はいい感じでは
・が、ものすごくもそもそしていて、硬い
・できたてはやわらかかったのに
・生クリームを乗せるからと思って、冷やしたのがいけなかったのかも
・生クリームでも補えないぼっそり感

近所のぼっそりした犬か
見た目はおじいちゃんぽいぞ。
わほー
あふれるぼっそり感
メリークリスお手。

むしケーキ。

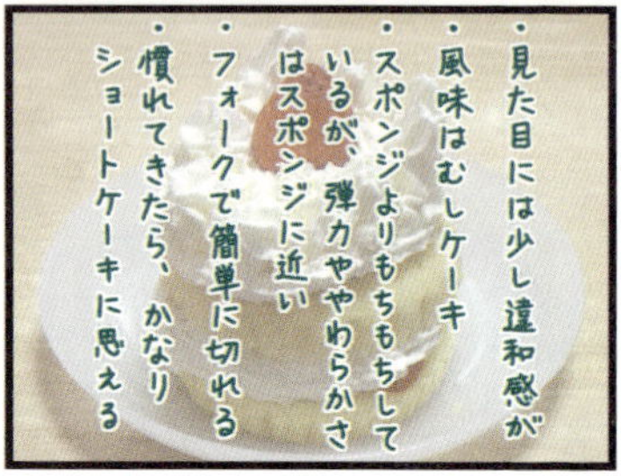
・見た目には少し違和感が
・風味はむしケーキ
・スポンジよりもちもちしているが、弾力ややわらかさはスポンジに近い
・フォークで簡単に切れる
・慣れてきたら、かなりショートケーキに思える

サンタクロース星人
見慣れてきた!
メリークリスマス宇宙!
いい地球人でいるんだぞ ははは
←違和感

食パン。

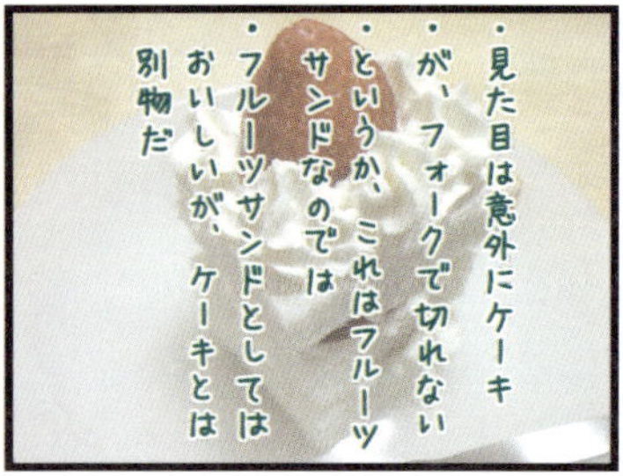
・見た目は意外にケーキ
・が、フォークで切れない
・というか、これはフルーツサンドなのでは
・フルーツサンドとしてはおいしいが、ケーキとは別物だ

ひこにゃんだ
うれしいけど別物だ。
メリー彦根城!
色は近いが

ショートケーキ度ランキング

1位　むしケーキ

ちなみに、木村屋「ジャンボむしケーキプレーン」てやつです

2位　カステラ

3位　ホットケーキ

4位　食パン

これでいつでもケーキにありつける

食べる前はカステラが本命だと思っていたので、カステラを食べた時のショートケーキ感のうすさは少し残念だった。

しかし、むしケーキの変身ぶりには目を見張った。
ケーキがぐっと手の届くところに近づいた感じがした。

今年のクリスマスは、混雑に負けてケーキが買えなくても大丈夫だ。ちょっと高めの生クリームといちごを買って、むしケーキをデコレーションすればいい。

でも、スーパーのレジの人に「こいつ、むしケーキでショートケーキ作る気だ」ってばれたらちょっと恥ずかしいかも。

恥ずかしいっていうか
かわいそうだ。

パピコはあったためてもおいしい

タイトルの通りなんですが、企画用にいろいろな飲み物を常温にしたりあったためたり冷やしたりしている最中に偶然発見しました。

とりあえず、ことの顛末をごらんください。

ずいぶん前のことですが、ある日私は牛乳を飲もうとコップに牛乳を注ぎました
ドドド
その直後、なにかに気をとられて牛乳を放置し、
あ、ちょーちょ
数時間後に発見。
OH! ヌルクナッテマース!
仕方がないので、ぬるい牛乳を飲みました。
だばー
まあいいや。

が、それがおいしかったのです。
あれ、いつもより味が濃くておいしい!
甘みもある!
その後、オレンジジュースにも同じことをやらかしてしまったのですが、
ちょーちょ
ちょーちょ
なんと同様の結果に。
オレンジジュースもおいしい!
甘い!
以来、オレンジジュースと牛乳はなるべく常温にして飲んでいるのですが、
もしかしたら他にも常温でおいしくなる飲み物があるかも。
ふと。
と思い、
企画としてやってみることにしました。
常温でおいしい飲み物は何だー
さらに冷やす、常温にする以外に、あたためるという選択肢も加え、
のみもの
のみもの
のみもの
つ～めたい
ぬ～るい
あ～たたかい
「～」の位置全体的にまちがえた!
実験用の飲み物は、おいしそうさとアグレッシブさで選んでみることに。
おいしい
牛乳
オレンジJ
おいしそう
豆乳
ヤクルト
野菜ジュース
アグレッシブ
リポビタンD
コーンポタージュ
さて、結果は次の通り。
ここはサラっと行きますよ。

豆乳
冷…さっぱりしていて飲みやすい
小甘
常…甘みが強くなって、味も濃く感じる。うまい
中甘
温…全体的にやさしい味になってる。これはこれでうまい
小甘
常温はもちろん、ホットもかなりおすすめ。
野菜ジュース
冷…飲みやすい
甘くない
常…野菜のにおいが強くするようになった。味はそんなに変わらず
温…味が薄く感じられる。スープみたいになるかと思ったのだが
ホットは少し味つけすればおいしくなると思う。
ヤクルト
冷…常温と比べるとすっきりしてる
中甘
常…甘みが強くなっておいしい。チェルシーっぽい
大甘
温…ホットカルピスっぽい。甘さは常温より弱い
中甘
甘いものが好きなかたはぜひ常温で。
コーンポタージュ
冷…あたたかいのと比べると甘い。意外においしい。冷製スープみたい
中甘
常…コーンってこんなに甘かったのかってくらい甘い。が、いやな甘さじゃなくておいしい
中甘
温…甘いと思っていたが、常温と比べると甘くない
小甘
常温、意外とおすすめです。
リポビタンD
冷…いつものリポD
中甘
常…甘みも強くなってるが薬のにおいが強くなっている。冷たいほうが飲みやすい
薬甘
温…常温よりはまだマイルドな気がするが
中甘
まあ、ドリンク剤はうまさより利き目が大事だから。
…と、ひと通り飲んでみてあることに気がついた。
野菜ジュース以外は甘みばっかり気になる。
においはまた別だが
調べてみると、甘みは体温に近いの温度のときが最も強く、冷たいときや熱くしたときには少し弱く感じるらしい。
野菜ジュースは甘みが少ないから気づかなかったっぽいわね〜。
と、ここまでが前フリです。
長くてすみませんでした

※「味覚・温度」で検索するとくわしいサイトがいくつか出てきます。

上記のことがわかって俄然気になるのは
じゃあ、アイスって常温で食べたらどんだけ甘いんだ
という疑問ですよね。
せっかくなのでこれも実験してみようと思い、コンビニへ。
アイスを買いに行くことがうれしい筆者
買ってきたのは
ふつう系
濃厚系
さっぱり系
ガリガリ君とハーゲンダッツとパピコ。
ガリガリ君は1/3くらい食べて
ガリ
カップへ。
ハーゲンダッツは普通にスプーンを使って
スフレ皿へ。

パピコはニョルーってして…
にょるー

…見た目勝負では明らかに劣勢なパピコだ。

数時間後、溶けて常温になっているのを確認。テイスティングしてみましょう。
ぜんぜんつめたくなくなったぞ。

ガリガリ君

冷…いつものガリガリ君味 ※

常…あ、ガリガリ君味の水だ。確かに冷ガリ君よりは甘いが、想像通りの味でもある

温…ホットレモンぽい味がする。ホットガリガリ君、けっこう上品だ

ハーゲンダッツ

冷…アイスの状態で食べても濃厚

常…すごく甘い。喉乾きそうなくらい甘い。これは何かの原液か

温…常温よりは甘みが弱いが、それでも原液感はぬぐえず

パピコ

冷…いつものパピコだ

常…けっこう甘い。が、昔のMAXコーヒーみたいな味でおいしい

温…あ、うまい。スタバにあってもいいくらい。パピコマキアートだ

女王アリ

※アリグラフ…アリの多さで甘さを表現する、画期的なグラフ。画期的だろうか。

パピコ
ディスカバリー

ホットパピコはおいしかった。
スタバ等の甘い系のコーヒーが
大丈夫ならぜひ。

あと、ホットガリガリ君も悪くなかった。

ホカー

寝る前に熱々のガリガリ君を飲んだら体が温まると思う。

ハーゲンダッツはアイスの時点で濃厚だから仕方がないと思うが、濃厚系じゃないアイスなら他にもホットでいけるやつがあるんじゃないだろうか。
…あずきバーはおしるこになれそうだし、モナカも新しいデザートになりそうだ。

そのうち、熱々にする専用のアイスが…それただの冷凍食品だ。

パピコ マキアートの作り方
によるーってしたパピコを
レンジであたためるだけで
思わず女王アリになるうまさ

野菜ジャム作りました

大流行。
Straw Berry

私事で恐縮だが、いま個人的にジャムが流行っている。パンにつけてもうまいし、ヨーグルトに入れてもいい。

近所のスーパーには、けっこういろいろな果物のジャムがあり楽しいのだが、そういえば野菜のジャムはおいていない。

昔、軽井沢かどこかでにんじんのジャムというものを見たことがあるので、存在がないわけではないと思うのだが、これまで手に取ることはなかった。

しかし、せっかく個人的にジャムブーム到来なので、野菜のジャムも楽しんでみよう。わざわざ買いに行くのも大変なので、手作りで。

ジャムにする野菜を選ぶにあたり、どんなのが向いているか考えてみました。
?

①ある程度、水分があること
水分が少ないと、うまく煮つめられなかったり、コゲたりすると思うのだ。

② 色がキレイ・珍しい
カラフルな方が、スイーツだと思う。
写真に撮ったときも、おいしそうに見えるのではないか。
写真に…っていうのはこちらの都合なのですが…。
③ 意外性がある
えっ こんなものが？みたいな発見をして、自慢げに報告したいではないか。
…水分以外は俺の都合だ…。
発見。
上記の条件で集められた野菜のみなさん。
キュウリ（水分）
ゴーヤ（意外性）
パプリカ（色）
トマト（色）
ナス（色）
ネギ（意外性）
さっそく作ってみましょう。
作るー
作り方
※果物のジャムも基本的に同じ作り方です。
① 野菜たちを1cm〜2cm角の大きさに切り、
② 砂糖をまぶしてしばらくおきます。
（最低一時間以上）
この状態でしばらく待ちます。
なお、砂糖は野菜の重さの35〜40%です。
③ 上記の時点で、ネギ臭が強く漂い、不安がつのる。
他のもにおいはするのだが、
ネギ臭圧勝
ふんふん

④野菜から水がじゅうぶん出たら野菜を鍋にうつし、
ドドドド
⑤弱火で15～20分、様子をみながら煮つめます
ぐつぐつ

煮つめる際の困難としては、
ナスとネギから水分があまり出なかったこと。
なので水を足して煮ました。
ネギ is the most 水出ないest 野菜 in この企画．

⑥火からおろし、熱を冷まします。
冷めるまでボンヤリします。

できあがり。

見た目だけでつっこみたい点がいくつか見受けられますが、
おかずが2品くらい
まじってないか？とか
キューちゃんになってる
やつがいないか？とか
まずは食べてみましょう。

キュウリ

・漬け物のキューちゃんみたいだが、甘い

・メロンの皮ジャムっぽい味

・だったら、本物のメロンの皮で作ったほうが香りがいいかも

ナス

・見た目はおかずだが、味はクセがない

・ていうか砂糖のおいしさ再発見てくらいナスの味がしない

・主張しなさすぎでは

メロンの、皮から1mmくらいの
ところ風味。
このへんだ。

砂糖に埋もれ、ほぼ姿が
見えなくなってるナス。
Mt.砂糖
だ。

ゴーヤ

・口に入れてすぐは苦くないのだが、油断した瞬間に苦い

・チョコレートも苦くて甘い味だが全く別の苦くて甘い味だ

・まずくはないような気もするが、うまいかどうかも判断しかねる味

とつぜん姿をあらわすゴーヤ
ギャ
ど〜ん

パプリカ

・色も食感もかなりジャムっぽい

・味もけっこうジャムなのだが、ふとした拍子にパプリカがのぞく

・好みはあると思うが、個人的には嫌いじゃない

ルヤク質店
あっ
ふとした拍子に
のぞくパプリカ

ネギ

・やっぱりネギくさい

・このにおいはスイーツのにおいではない

・においに翻弄されて、味が冷静に判断できない

トマト

・ちょっとトマトくさいが、酸味があっておいしい

・今回作った中で、果物のジャムに一番近い味

・タネの部分を取りのぞいたりしてトマトの青臭さを押さえられたら普通にアリなのでは

あやまりたくなる
味でした。
こんなことに
なって
しまって
申し訳
ない。

ひっそり果物に
なりすますトマト

…と、ひと通り食べてみたのですが、全体的においしいのかまずいのかわかりかねる味だったので、
そもそもこれは
ジャム？
このへんから
わからなくなった

自分以外の人にも食べてみて
もらうことにしました。

企画会議にやってきた、デイリーポータルZの
ライター＆編集部のみなさん。

左から、石川・小柳・榎並・橋田・林
工藤・安藤・大北（敬称略）

みなさんの表情が神妙なのは
まずいんですよ
たぶんすごくまずい
かなりのまずさで…
と、何度も説明してしまったからだと思います。

・うまいが、ナスの味はしない。もしや砂糖だけでいいのか（安藤）

・見ないと何だかわからない（石川）

・クセがなくておいしい（榎並）

まずくはないけど
ナス味がしない、と
いう感想多数

・道の駅で売ってそう（林）

・ジャムっぽい。トマトは嫌いだが食べられた（橋田）

・甘いケチャップみたいでおいしいが、生っぽくて好きじゃない（小柳）

パプリカよりも好みに
バラつきあり。意外

・時々、青臭いようなヤボったいにおいがある（林）

・生臭いメロンのよう（工藤）

・歯ごたえのないメロン。まずくはない（安藤）

キュウリは地味に
評価低め

・すきやきだと思えば食べられなくはないが、かなり斬新な味（大北）

・久々にこみ上げました（安藤）

・ガスのにおいのジャムだ（林）

・だめでした（石川）

・白い部分は、そんなにネギくさくなかった（橋田）

・パプリカの味と甘さが、意外に合う（橋田）

・色がきれいなのは嬉しい（大北）

・野菜くさいが、甘くておいしい（小柳）

パプリカは、意外にも
大きく嫌われなかったぞ

案の定、散々な評価の
ネギですが、注目したいの
は橋田さんの「白い部分
はそんなにくさくない」
というコメント。世紀の
大発見かもしれません

・すごく苦いマーマレード（工藤）

・頭痛がしそうな味、でも嫌いじゃないです（榎並）

・歯ごたえがだめだ。苦さもだめだ においもだめだ（安藤）

ゴーヤは、大丈夫な人と
ダメな人がはっきり
分かれたよ

食べ比べてみましょう。
白い部分
青い部分

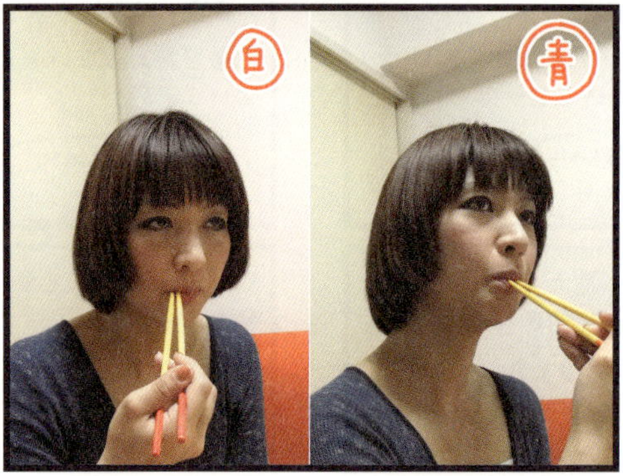
白
青

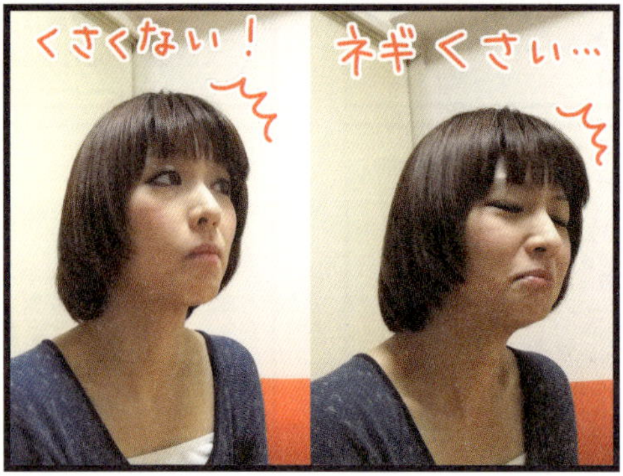
くさくない！
ネギくさい…

ジャムにしていいのは
白いところだけ！
ということが判明！
スーパーに
ネギジャムが
並ぶ日も
近いぞ！
たぶん!!

野菜ジャムはもうひと工夫必要そうだ

これがうまくいったら、次は「肉ジャム」「魚ジャム」ではないかと思っていたが、なかなか難しそうである。

甘いだけの牛タンや、甘いだけのサバ・・・難しいどころの騒ぎではないかもしれない。調子に乗って作ったりせず、本当によかった。

マーマレードの偉大さを知る

柿とピーの割合を研究する

ひさしぶりに柿ピーを食べた。

昔は、ピーナッツ（以下、ピー）が多ければ多いほどおいしいと思っていた。
カロリーが高ければ高いほどおいしいと感じていたのだろう。

しかし、先日食べたときにはピーが少なめでもそれなりにおいしいと感じたのだ。
すごい発見だと思った（自分の内面だけで）。
大人になるとはこういうことか。ならば、今日が私の成人式だ。

成人式。

※筆者は、実際にはもうずいぶん昔に成人してます

というわけで、大人になった私が柿の種（以下、柿）とピーの割合調査に乗り出します。

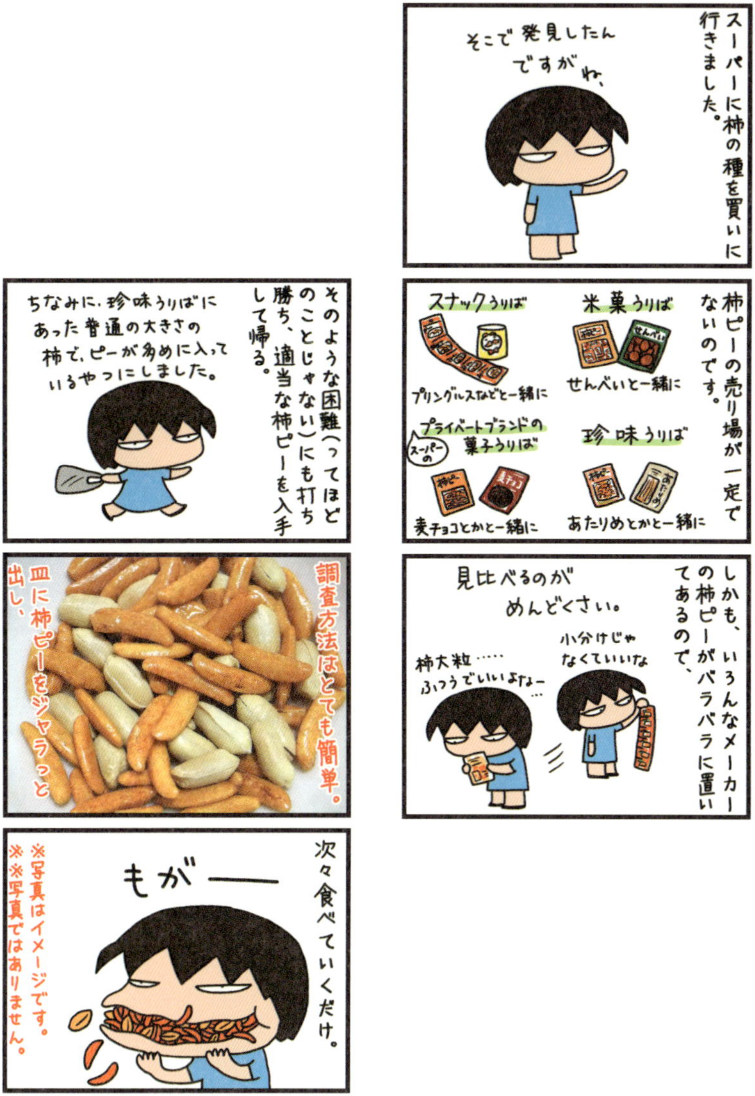

スーパーに柿の種を買いに行きました。
そこで発見したんですがね、
柿ピーの売り場が一定でないのです。
スナックうりば
プリングルスなどと一緒に
米菓うりば
せんべい
せんべいと一緒に
プライベートブランドの菓子うりば
スーパーの
柿ピー
麦チョコ
麦チョコとかと一緒に
珍味うりば
柿ピー
あたりめ
あたりめとかと一緒に
しかも、いろんなメーカーの柿ピーがバラバラに置いてあるので、
見比べるのがめんどくさい。
柿大粒……ふつうでいいよなー…
小分けじゃなくていいな
そのような困難(ってほどのことじゃない)にも打ち勝ち、適当な柿ピーを入手して帰る。
ちなみに、珍味うりばにあった普通の大きさの柿で、ピーが多めに入っているやつにしました。
調査方法はとても簡単。
皿に柿ピーをジャラっと出し、
次々食べていくだけ。
もがーー
※写真はイメージです。
※※写真ではありません。

柿4つ

・これは柿ピーじゃない

・せんべいだ

イメージ音楽
ガァァァァァァ
デスメタル。
マイルドな要素（＝ピーナッツ）がない感じ。

柿4つ　ピー1つ

・柿ピーになった

・が、柿が強く、ピーは遠くのほうにいるイメージ

食べたときの心情風景

柿4つ　ピー2つ

- 標準的な柿ピーは、この割合なのではないかと思う味
- 柿の存在感はしっかりありつつ、ピーもちゃんと主張している

イメージ音楽
いつもお世話になっております。
ああ、どうも。
アイアンメイデンというバンドのマスコット
ヘビーメタル。
スピードメタル(早い)、パワーメタル(力強い)含む。

柿4つ　ピー3つ

- ピーが強くなってきて　味はけっこうマイルドに
- ただ、柿の味と食感もちゃんと主張している

イメージ　スナックべつやく
夏バテとかしてない？体には気をつけるのよー
やさしい言葉をかけてくれるが、温かいビールを飲まされる、みたいな異なる感覚の同居
ギャッ

柿4つ　ピー4つ

・8粒は多い。一口で食べる量じゃない

・ごちゃっとして派手な味だ

イメージ音楽
LAメタル。
ごちゃっとしてて派手だから。
こちらはモトリー・クルーというバンドでございます。
清川虹子さんではない。

LAメタル…80年代中ごろからアメリカロサンゼルスを中心に生まれたヘビーメタルのジャンル。メタル、とつくが曲は比較的ポップなものが多く、衣装や化粧が思いきり派手なのが特徴。

柿3つ　ピー4つ

・食べた印象は柿4つピー4つとあまり変わらない

・ピーの主張が強くなってきてかなりマイルドではあるが、柿もまだ健在

イメージ動物
パンダちゃん
マイルドな見た目だが、熊。

柿2つ　ピー4つ

- そろそろピーの天下かと思いきや、意外にまだ柿も頑張っている
- ピーのもったりしたおいしさの合間に、パリッとした柿が少しだけ顔を出している

心情風景
←がんばってる

柿1つ　ピー4つ

- 柿がかなり遠くなった
- もわわわーんとしたマイルドさに飲み込まれる柿

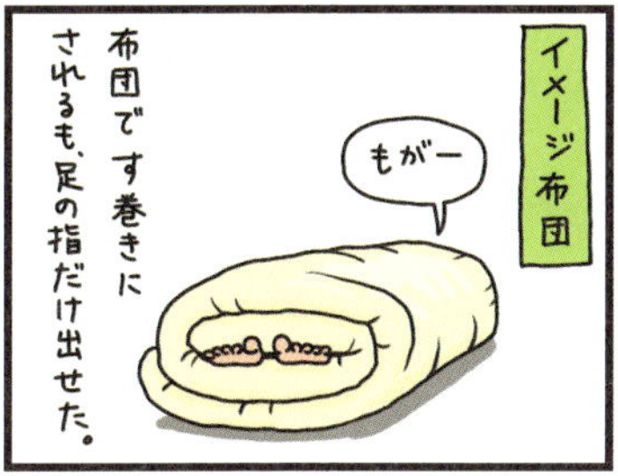
イメージ布団
布団です巻きにされるも、足の指だけ出せた。
もがー

わかったこと

個人的には、柿4ピー3が「理想の柿ピー」という味で好きだった。ただ、柿4ピー2のほうが飽きずに食べられるかもしれない。

ピーが柿越えしているものも、味だけで判断すればおいしいと思う。だが、柿ピーらしいかどうかで判断すると違うと言わざるをえない。また、ダイエット的な観点からもこんなにピーばかり食べたらいけないと思った。

ピー4つ

・オンリーまろやかさ
・柿ピーじゃなくてバタピーだ

イメージ音楽
あじゃす♪
ニー
でんわ
ピアノ
スティービー・ワンダー。
デスメタルとは対極のところにいる。輪郭もピーナッツ的なので。

柿ピー割合早見表

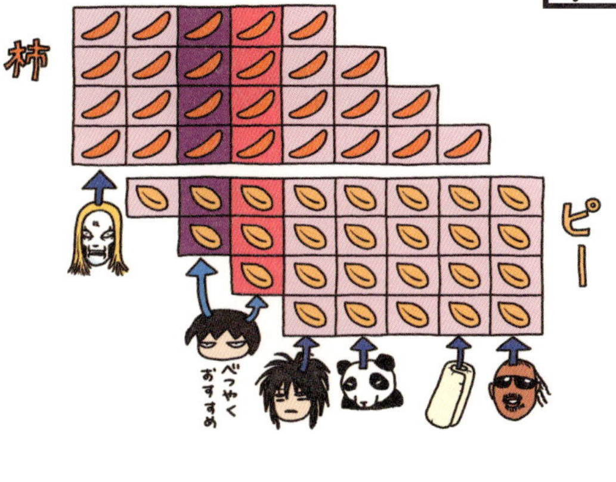
柿
ピー
べつやくおすすめ

おまけ

柿ピーで顔ができることもわかりました。

べつやく。

最初に生まれたやつ。

さっぱりした顔の人。

悲しみ。

はれぼったい人。

怒ることもできます。

はれぼったい人 フルスペック。

宮城さん。

※宮城さん…
チョンマゲと
ヒゲが特徴の
エアギタリスト

それでは
ごきげんよう！

3

養命酒ケーキを作る

冷え性である。

特に足の冷えがひどく（実は鼻の冷えもひどい）どうにか解消しようと、これまでいろいろなアイテムを投入してきた。

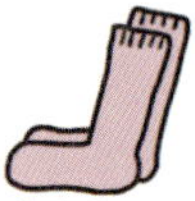

冷えないくつ下とか

青竹ふみとか

で、現在 流行中なのは

しょうが紅茶

その中のひとつに、養命酒がある。

かなりの意気込みで飲みはじめた養命酒なのだが、1ヶ月ほど過ぎたあたりから、持ち前の忘れっぽさを大いに発揮し、すっかり忘れた。

とはいえ1年以上たった今でも台所に置いてあり、気になってはいるのだ。

ただ、あのノドがカッとなる感じが苦手だったこともあり（べつやくは酒が弱い）なかなか再開できない。

そこで、菓子とかに使ってみたらいいんじゃないかと思ったわけです。

今回作ってみようと思っているのは、ブランデーケーキならぬ養命酒ケーキ。
手刀でケーキを切る筆者。
はー
夢。
出席者
わぁ
わぁ
ほー
材料
・薄力粉 100g
・バター（無塩のほうがいいが買いに行くのが面倒なので、家にあった有塩で）100g
・砂糖 100g
・卵 2個
・ベーキングパウダー 小さじ1/2
・養命酒 50cc
・仕上げ用養命酒 20cc
①室温に戻したバターに砂糖を加え、白っぽくなるまで泡立器で練る。
②溶いた卵を3回程度に分け、分離しないようまぜ、そこへ小麦粉とベーキングパウダーをふるったものを加え、ヘラでさっくりまぜる。
③養命酒、投入！
これまでまぜ合わせてきた焼菓子のタネっぽいものがあっという間に養命酒臭のする物体に変身。
ザ・生薬ってにおいになっちゃったぞ…。
④ザ・生薬を型に流しこみ、180度のオーブンで40分。

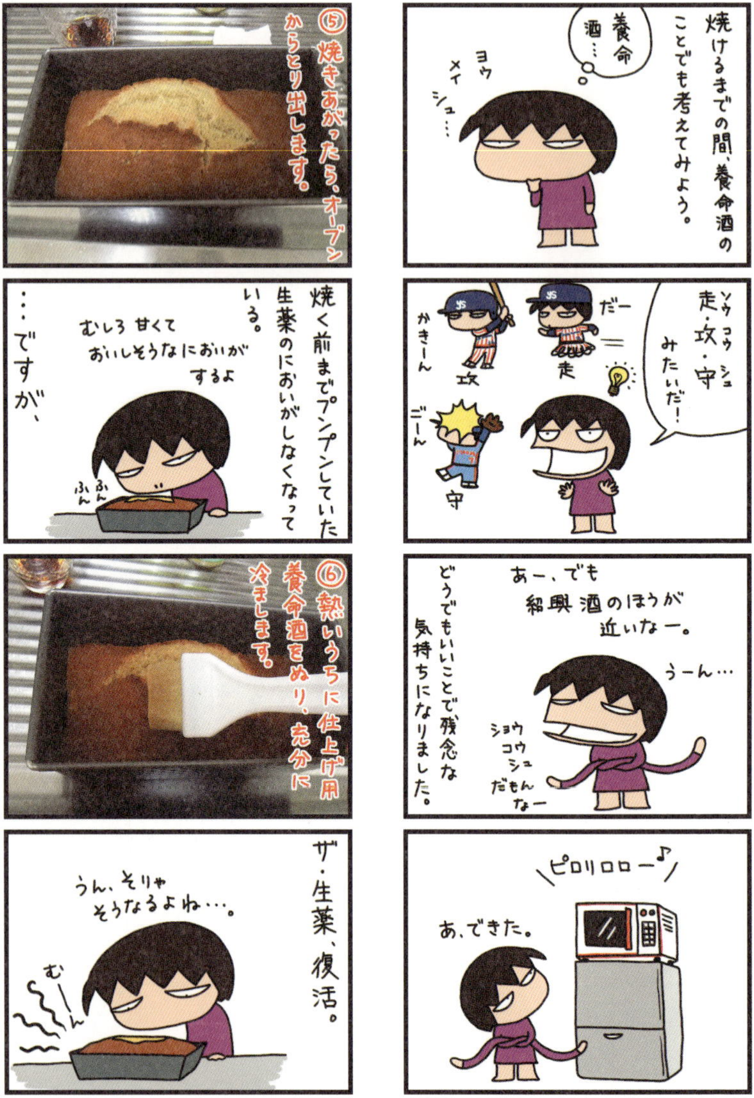

焼けるまでの間、養命酒のことでも考えてみよう。
養命酒…
ヨウメイシュ…
走《ソウ》・攻《コウ》・守《シュ》みたいだ！
だー
かきーん
攻
走
ごーん
守
あー、でも紹興酒のほうが近いなー。
うーん…
ショウコウシュだもんなー
どうでもいいことで残念な気持ちになりました。
ピロリロロー♪
あ、できた。
⑤焼きあがったら、オーブンからとり出します。
焼く前までプンプンしていた生薬のにおいがしなくなっている。
むしろ甘くておいしそうなにおいがするよ
ふんふん
…ですが、
⑥熱いうちに仕上げ用養命酒をぬり、充分に冷まします。
ザ・生薬、復活。
うん、そりゃそうなるよね…。
むーーん

⑦ザ・生薬が冷めたら、ラップ
に包んで冷暗所へ。
そのまま一晩以上ねかします。

ここでふと、同じ作り方で
ブランデーケーキもあった方
が味の比較がしやすいのでは
と思い、ブランデーケーキも
作ってみることに。
正しいにおいがする…。

この手のケーキはよくねかせた
ほうがおいしくなるらしいので、
2晩ねかせてみることに。
ねんねん
ころりよ
おころりよー
♪〜〜
※実際は置いといただけです。ご了承下さい。

⑧ねかせたザ・生薬を
ラップから出し、切ったら
できあがり。

においをかいでみる。
おや。
ふん
ふん
ふん
意外にも全くザ・生薬では
なく、甘いいいかおり。

ひときれ食べてみる。
ぬー？
もふ
もふ
明らかにブランデーではない味
とにおいだが、意識しなければ
養命酒かどうかわからない。

むしろ、複雑な味とかおりが
して、おいしく感じる。
かすかにする生薬風味がバター風味と合うのはどうしてか。
もふ
もふ
アルコールっぽい味もしないので
そこも食べやすいポイントだ。

3枚切って、
うっかり2枚食った後に
気がつきました。
・・・写真とるのを忘れてました。

養命酒がこれだけおいしいのなら、ブランデーケーキはどれだけおいしいのかと 期待が高まる。
わくわく
養命酒ケーキ
ブランデーケーキ
さあ、食べ比べてみましょう。
もふ——
……。
もふもふもふもふもふ

ブランデーケーキもおいしいのだが、養命酒に比べると味が単純に感じられる。
ブランデーケーキを べつやく とすると、
養命酒ケーキは
ハイブリッド べつやく くらいいってると思う。
ちょうちんあんこう
宇宙の人
まぐろ
ヘビ
ねこ
ロボ
そのくらいうまかったということです。

今年1番の うれしい誤算

絵に描いたようなうれしい誤算だった。
作っている途中は予想以上の生薬臭がして、本気でどうなることかと心配していたのだ。

池に斧を落としたら、金のチェーンソーを持った金のジェイソンが出てくるような喜びだろうか。きれいなジェイソンでもいいけれど。

・・・ちなみに今Wikipediaで調べたら、ジェイソンはチェーンソーを使ったことはないんだそうですよ。へー。

ドクターペッパー牛乳できました

小学生のころ、母方の祖父母の家でキリンレモンに牛乳を入れたものをよく飲んでいた。

数年前にふと思い出し、キリンレモンと牛乳を買ってきて作ってみた。

全くの別物ではないが、なんとなく違っていた。昔のほうが、甘みも炭酸も強かったような気がする。
もうあれは飲めないのか、とぼんやり残念に思った記憶がある。

そして、現在。
あれはもう飲めないかもしれないが、これだけ多く炭酸飲料があるのだから、現時点のベストオブ牛乳炭酸を見つけることはできるんじゃないか、と思い直す。
えらいぞ、今のおれ。
牛乳に合う炭酸飲料はどれだ。

そもそもキリンレモン牛乳ができた経緯が不明なのですが恐らく…
おばあちゃん、キリンレモン飲みたい
はいはい持ってきてあげるよ
幼べつやく
←幼虫みたいなかんじで。
でも…あんまりジュースばかりあげるのも、よくないかしらねぇ…かと言って「ダメ」とも言いにくいし…
牛乳入れちゃえ
ドボドボ
おいしい
ああ、よかったな
よし
たぶんこんな感じだったんじゃないかと思うのです。
憶測だけど、そう遠くはないと思う。
というわけで、近所で炭酸を集めてきました。
500mlペットボトルを7本持つと、袋が肩にくいこむことがわかりました。
重いっていうより痛い。
牛乳に混ざってくれる9種類のみなさんはこちら。
・キリンレモン ↑主役。
・三ツ矢サイダー ↑主役に似てるから。
・日本のサイダー ↑100均で発見。
・ジンジャーエール ↑ザ・炭酸
・コカコーラ ↑
・ヘルシアスパークリング ↑ダイエット
・ドクターペッパー ↑冒険。
・ペプシあずき ↑大冒険。
・炭酸水（レモン）↑甘くないタイプ。
ヘルシアとドクターペッパーとペプシあずきを見つけたときはわくわくしました。
あとはそんなに冒険じゃないけど。

※商品は09年11月のものです。現在はない商品もあります。

KIRIN
キリンレモン

キリンレモン

・やっぱり昔より甘くない気がする
・炭酸も弱いと思う
・が、かすかなレモンの香りに、昔の面影がある

イメージ
もう少しキティちゃんに似てた気がするんだけど…
気に入ってたぬいぐるみの
顔が、思い出と微妙に違う

作り方

コップに牛乳を入れて、

炭酸を注げば
できあがり。

説明いらなかったかなってくらい簡単です。
牛乳を先に入れたほうがクリーミーな泡ができますが、これはお好みで。

MITSUYA CIDER
三ツ矢サイダー

三ツ矢サイダー

- 炭酸の強さはこっちのほうが近い
- 三ツ矢サイダー味が強くて、牛乳感はあまり感じない
- 思い出は別にして、牛乳にはこっちのほうが合ってるかも

日本のサイダー

日本のサイダー

- 炭酸はキリンレモンより弱いかも
- 甘さが昔のジュースっぽい甘さで、思い出のキリンレモン牛乳に近い
- 香りがあまりないせいか、牛乳感をけっこう感じる

イメージ
へんな形だけど
手ざわりはこれ
だ…
形は違うが、さわり心地は
気に入ってたぬいぐるみだ

イメージ
あっ手の形だけ
そっくり!
キュウリマン
局部的に気に入ってたぬい
ぐるみと形が似ている

Coca-Cola

コカコーラ

- コーラと牛乳のにおいが混ざって、意外な生臭さを発揮している
- 味はコーラが弱まった味
- 両者に悪いことをしたと反省
- 色も白くない

イメージ
弱そうで生臭い
も〜ん

ジンジャーエール

- おいしい
- 牛乳炭酸なのに、キリッとしている
- 牛乳っぽさはない
- キリンレモン牛乳とは別物だが、これはこれであり

イメージ
新しいお気に入り発見
なんか 新しいの 見つけた！

Dr Pepper

ドクターペッパー

- 意外においしい
- 知ってる味がする
- あ、杏仁豆腐だ
- ドクターペッパーと牛乳で杏仁豆腐の味になるぞ

イメージ
わっしょい
わっしょい
発見おめでとう
ぼーん

脂肪を
消費しやすくする
ヘルシア
スパークリング

ヘルシアスパークリング

- あ、分離した
- クエン酸が入っているからか
- なので、ヨーグルトっぽくなった
- 普段気にならない甘味料の味が少し気になるのは、牛乳を入れたからだろうか

イメージ
あっ
分離した！
ぼーん

PEPSI
Azuki

ペプシあずき

- 今こそ「あずき」の出番なのではと張り切って買う
- 牛乳を入れてもあずき味が負けない
- この、ものすごいあずき味はどうしたらマイルドになるのか
- あと、色もすごい

イメージ
おぉ
あずき魔人あらわる

そして最後はこちら、レモン風味の甘くない炭酸水。
ヨーカドーで見つけました。
7
炭酸水
レモン

いただきまー
がぼー

・・・おや?

ベストオブ牛乳炭酸

1位：ジンジャーエール

これは一般的なおいしさでは

2位：ドクターペッパー

楽しいのでよかったら試してみてください

3位：炭酸水（レモン）

砂糖ナシでもおいしい

おもしろオブ牛乳炭酸

1位：ペプシあずき

牛乳入れなくてもおもしろいです

2位：コカコーラ

おもしろいほど互いの悪い面を引き出しました

究極のプリンアラモード

プリンが好きだ。
カスタードプリンが基本中の基本だが、とろけるタイプもプッチンプリン的なやつも、それはそれでうまい。
あの黄色くてやわらかい部分と、甘苦いカラメル部分のハーモニーが素晴らしいのだと思う。

そんなプリン好きとして、世間のプリンアラモードに一言いいたい。

豪華チックな名前がついていながら、プリンが1個しかのってないとはどういうことか。

いや、フルーツや生クリームが添えられて、実際豪華ではあると思う。
だがプリン好きとしては、もっとプリンを堪能したいのだ。

そこで、夢のようなプリンアラモードを考えることにした。
まずは、プリン好きが夢に見るプリンアラモードのイメージをごらん下さい。
下さい。
究極のプリンアラモード
いろいろなプリンが一堂に
ファンシー＆ラヴリーなデザートになるのでは。
プリンのみで構成されており、思う存分プリンを堪能できる夢のアラモードだ。
次から次へとプリンが食べられるぞ
キャー
わし、天才じゃなかろうか。

というわけで各地を巡り、いろいろなプリンを集めました。
デパ
デパ地下
コンビニ
あきこ〜
スーパー
奥さまポーズ
集められたプリンたち。
内訳はこんなです。
とろける系
異色系（形がおもしろかったので）
カスタード系
プッチン系
カスタード系
カスタード系
異色系（カラメルのかわりにあんこ）
缶詰系
盛りつけていきましょう。
うふふふ
まずは中央に、一番大きなこれを。
成城石井の特製焼プリン
・・・が、これが意外にもなかなか出てこなくて、
やっと出てきたと思ったら
流血の惨事みたいになった。
場所も中央からずれた。

気を取り直して、次のプリンを盛ろう。
モロゾフのカスタードプリン
皿のフチに、すべった跡がついてしまったが、惨事っぽさはうすれた気がする。
惨事っぽさがうすれてよかった～
ホー
と、安心したのもつかの間、本当の惨事はこの後だった。
なめらか系の代表、パステルのプリンを出したところ、
Pastel
あ。
なめらかぶりを大いに発揮させてしまった・・・。
わあ、プリンごめん！
その後は大きな惨事もなく、着々とプリンは盛りつけられていった。
CUSTARD PUDDING
↑ここは割れたが。
そしてついに
できた！

じゃーん。
プリンアラモードof究極。

別の角度からもどうぞ。
ところで、プリンが肩寄せあうさまは
ファンシー＆ラブリーなのではと思ったのだが、
このにじみ出る地獄っぽさは何だろう。

・・・まあ、それはともかく食べてみましょう。
ここで、こういう甘いものを大量に食べるときのコツをご紹介。
ポイントは、「濃いものから食べる」。
甘い味は塩味より飽きやすい上、飽きはじめてからの濃厚な味は思った以上につらいものがあります。
経験上そうでした。
経験…100%チョコレートパフェ（P8）
あと「不安定なものは先に食べたほうがいい」。
これは味というより、「倒れる」心配をなくすためですが。
今回でいうと殻のプリン。
ちなみに「キャトル」のうふプリンてやつです。
殻プリンを食べた後、全部のプリンを少しずつ食べ、それぞれの濃厚さを確認したところ・・・
この丸いのが、びっくりするほど濃厚だった。
甘さも食感も超濃厚なのだ。
後回しにしたらマジやばいレベル（言葉使いも含めて）だったので、まずはこれから食べることに。
プリンていうよりすごく濃い生クリームみたいだなー…
私の甘いもの耐性が落ちたのか、丸いのがすごすぎたのかは不明だが、7割ほど食べたところで目が遠くを見はじめた。
味は嫌いじゃないんだが…
全部食べたころには、このくらい変身していたような気がする。
ごちそうさまー
新しいべつやく

リアルに作るとしたら

個人的にはカスタード系のプリンが１番好きなので、実際に食べるとしたらカスタードプリン3つ＋フルーツ＋生クリーム、がベストなのではないかという結論に至りました。
いつか「喫茶べつやく」をオープンさせることになったら、メニューのひとつに加えようと思います（いまのところ計画はないのだけど）

新しくなってしまったので（これ以上甘いものを食べるのがつらくなってしまったので）残りの分は明日食べることにした
ラップして冷蔵庫にしまっとこう。
ZZzzz
翌日、起きたら旧タイプに戻っていたので、残りを食べました。
いただきまーす
再び。
名残
この日は新しくならずにすみました。

ちなみに、
濃厚さランキングは
以下の通り。

新しくなる

1. 丸いやつ（※）
2. パステルなめらかプリン
3. モロゾフ缶プリン
4. 成城石井特製焼きプリン
5. モロゾフカスタードプリン
6. 殻プリン
7. 明治プリン → 甘みは強め
8. あんプリン → かなりさっぱり

（4〜6）このへんは濃さにあまり差がない（味はモロゾフが好み）

（※牧家の白いプリンというやつ。成城石井で購入。我こそは濃厚好き、という方がいましたら、ぜひ）

いろんなパンでラスクを作ろう

ラスクにする色々なパンを探すにあたり、
・ラスク時が想像しにくいパン
・ラスクにしたらおいしそう、と思ったパン
・念のため、普通のパン
こんなかんじで選ぶことにしました。
外出先でたまたま見つけたパンや、
あ、よさそうなパン
パン
スーパーで見つけたパンを自由に買い、
念のため食パンも買っとこう。
食

数年前からラスクが流行っているようで、甘いもの屋でよく見かける。
そんなラスクであるが、たいていはフランスパンをスライスしたものが使われている。

…他のパンはそれでいいのか。ラスクになりたくないのだろうか。

パンたちがラスクになりたがっているかどうかはわからなかったが、とりあえず独断で色々なパンをラスクにしてあげることにした。なぜなら、私が食べてみたかったからである。

トレンディ。

全部で11種類のパンを集めました。
三代目
昭和6年創業
かつサンド
Pasco
インドカレーパン
インド風のチキンカレーフィリング
北海道チーズ蒸しケーキ

その内訳と選んだ理由。
カツサンド
…想像しにくい
フランスパン
…念のため
食パン
…念のため
ウィンナーパン
…想像しにくい
メロンパン
…おいしそう
カレーパン
…想像しにくい
ドイツパン（小麦まじり）
…想像しにくい
米粉入りチーズパン
…おいしそう
クロワッサン
…おいしそう
チーズむしケーキ
…おいしそう
ドイツパン（ライ麦100%）
…想像しにくい

それでは、地道に作っていきましょう。
ラスクの作り方
材料はパンと
砂糖と
バター。
SUGAR
BUTTER
まずさいしょはフランスパンで。
1. パンをスライスします
5mm〜1cmくらい。
2. バターをぬります
3. バターをぬった面に、砂糖をまぶします
砂糖を皿に出し、そこへパンを押しつけると砂糖が均一につきます。
4. 焼いたら、できあがり
トースターで2分〜3分。
網などの上で冷ましてから食べます。
パンを2度焼きして、サクサク度をあげたり、バターに砂糖をまぜてからぬる方法もあったのですが、
11種類作ることを考えて、最も簡単そうな方法にしました。
ご了承ください。
さて、残り10種類も作りましょう。
ラスク工場の機械になった気分で、切ってぬってまぶして焼きました。
目にもとまらぬ早さでバターをぬる筆者
シュッ

クロワッサン
ドイツパン2種
カツサンド
メロンパン
チーズむしパン
食パン
フランスパン
チーズパン
カレーパン
ウィンナーパン
一部、こげてしまったやつもいるが、できた。

では、いただきまーす。
あがー

フランスパン

・ラスクだ

・普通でおいしい

味のイメージ
普通のロボ。

食パン

・かなりトーストっぽいラスクだ

・おいしいが、高級感はないかも

味のイメージ
庶民的なロボ。
ミソ汁カケタゴハンッテサイコーダヨネ!

ドイツパン(ライ麦100%)

・パンの酸味が強いが、合わない味じゃない
・ただ、元のパンの味が強く、ラスク感は弱い

味のイメージ
操作している人がかなり見えるロボ。
あ

クロワッサン

・これおいしい
・軽いクイニーアマンみたいだ
・クロワッサンにもバターが使われているので、バター多めで豪華な味がする

味のイメージ
ゴージャスロボ。
金
LED
ふさふさ猫
タイヤ

ドイツパン(小麦まじり)

・ライ麦100%より、このほうが酸味が強い

・パンがかなり勝ってる

味のイメージ
もっとよく見えるロボ
・・・・。

メロンパン

・思った通りのおいしさ

・元々のパンが甘いからか、お菓子っぽさが強い

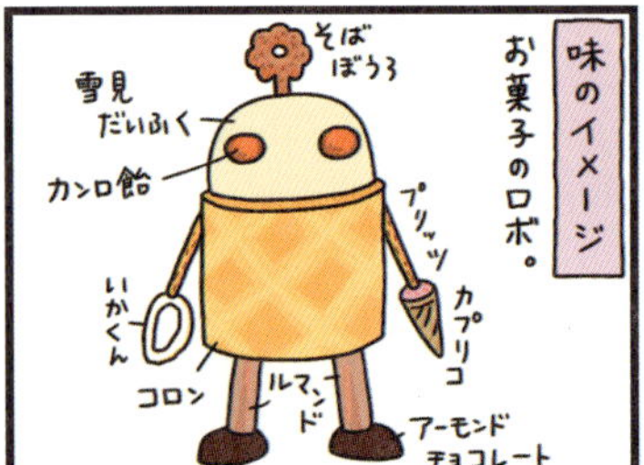
味のイメージ
お菓子のロボ。
そばぼうろ
雪見だいふく
カンロ飴
プリッツ
いかくん
カプリコ
コロン
ルマンド
アーモンドチョコレート

米粉入りチーズパン

・かなりおいしい

・チーズの塩気とバターの香りと砂糖の甘さが合ってる

・普通のチーズダイスの入ったパンでもおいしいと思う

味のイメージ
微妙なニュアンスを理解するロボ。
頭デハ理解シテルノニ、行動がトモナワナイミタイナコト?

ウインナーパン

・パン自体はフランスパン系なので、食感はラスク

・が、ウインナーのスモークされた香りと甘さがあんまり合わない

味のイメージ
バラの香りのロボ。
ロボらしからぬ香り…
ふんふん

チーズむしパン

・キメが細かすぎてラスク感がない

・味はけっこうおいしいが、食感がやさしすぎる

味のイメージ
おばあちゃんのようにやさしいロボ。
ウフフフ
ヨシヨシイイコダネー飴チャンヲアゲヨウ

カレーパン

・パン部分がサクサクのカレーパン

・甘さが完全にカレーに負けてる

味のイメージ
操作してる人だけ。

カツサンド

- とてもおいしい
- でもこれラスクじゃないな
- これはトーストしたカツサンドだ

味のイメージ
あ、ロボじゃなくなった。
はーい

今回のイレギュラーラスクの中で特に気に入ったのはクロワッサンとチーズパン、次点でメロンパン。
バター好きの人におすすめ。
甘じょっぱいものが好きなら、ぜひ。
メロンパン味のクッキーみたいな物体に。

あと、カツサンドはバターをぬってトーストすると、パンがカリっとなってうまくなることがわかりました。
ラスクと関係なくなった。

おまけ

パン以外のものもラスクっぽくなるかと思い、何種類か実験してみたのですが、ことごとく「味つけが少し甘くなっただけ」という残念な結果に終わったため、ここでまとめてお知らせします。

ごはん
たまごやき
ラスク候補のみなさん。
厚あげ
はんぺん
チャーシュー
国産大豆
厚あげ
はんぺん
拉麺叉焼

ラスク後。
これを見て「ラスク」と
答える人がいたら、
その人はラスクを
知らない人だ。
ごはん
…ほのかに甘いごはん
厚あげ
…ほのかに甘い厚あげ
たまごやき
…ほのかに甘いたまごやき
はんぺん
…ほのかに甘いはんぺん
チャーシュー
…ほのかに甘いチャーシュー

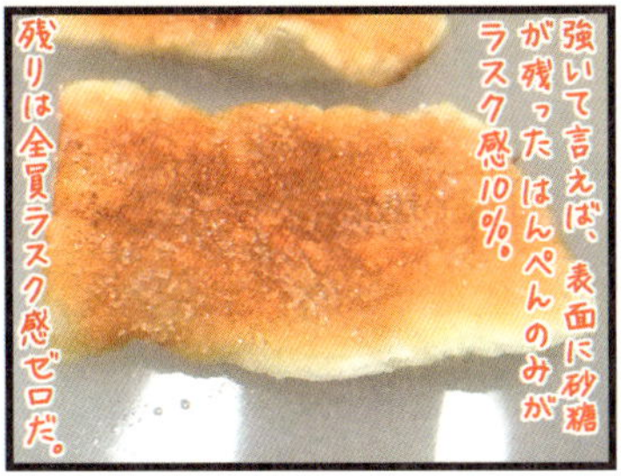
強いて言えば、表面に砂糖
が残ったはんぺんのみが
ラスク感10%。
残りは全員ラスク感ゼロだ。

分析してみた

ラスクを作っていて、ふと気がついた。
ラスクは、油と糖と炭水化物だ。カロリーオールスターズだ。

そりゃおいしくないわけがないよな、と思いつつ、おやつにラスクをもりもり食べるのはもうやめよう、と思った次第です。

ソースせんべいは腹の足しになるか

「これじゃ腹の足しにならないよ」という言い方がある。

個人的に強くそう思うものと言えば、ソースせんべい（ミルクせんべい）だ。梅ジャムとのハーモニーが好きで子どものころはよく食べていたが、腹の足しにはなっていなかった。

あのサクサクして口の中ですぐに溶けてしまうような頼りなげな食べ物は、何枚食べればお腹がいっぱいになるのだろうか。

というわけで、駄菓子屋へソースせんべいを買いに行きました。
ちなみに私が子どものころ買ってたのは「ミルクせんべい」だったよ。
7枚入りで10円だったと思う。

だが、どのくらい買えばいいのか見当もつかなかったので
どのくらい食べられるのかさっぱりわからん…。
一番大きい袋のやつを、

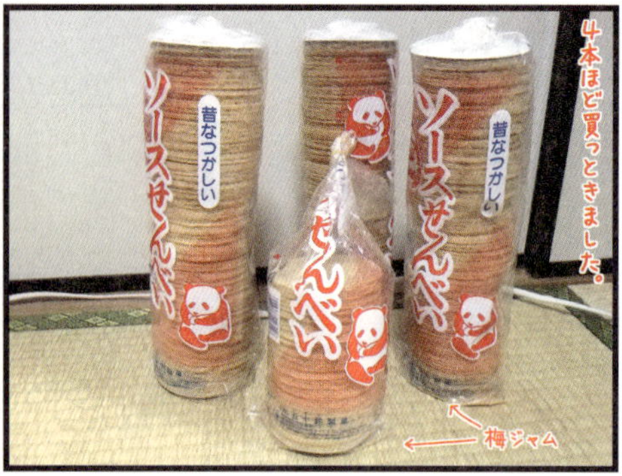
4本ほど買ってきました。
昔なつかしい
ソースせんべい
梅ジャム

お店で見て、たいしたことないなって思って買ったものの、家で改めて見て
あれ、思ったより でかいなー
…と思うことってありますよね。
逆パンダ星人
もう、すべて言わなくてもおわかりかと思います。
Oh
ソースせんべいコネタ①
大きい袋に入っているソースせんべいは、高さ約30cm。
厳密には 29.7cm。
ソースせんべいコネタ②
しかし、内容量表記がグラムだったため、枚数は不明。
ソースせんべい
名称 焼き菓子
そんなことをしているうちじんわりお腹が空いてきたので、
さっそく食べ始めてみようと思います
たべますかね。
ぐ
食べ方（自己流ではありますが、だいたいこんな方法だと思います）
せんべいに梅ジャムを乗せ、
ジャムを指でにょるーっとのばし、

もう一枚のせんべいではさめば、できあがり。
いただきます。
あ、なつかしい味。
もふ
ということでまずは2枚を完食。相変わらず腹の足しになる気配はない。
ぐ
腹の足しになってる度
0%
もっとどしどし食べよう。
作り中
♪
梅ジャムコネタ
梅ジャムは2種類あり、見た目も味もけっこう違う。
子どものころ食べていたのはこっち↘
梅ジャム
記憶していた味よりしょっぱい気がした。ちょっとねり梅っぽくもある。
梅ジャム
酸味も甘みもソフト。やさしい味だった。
6枚を超えたあたりから指でぬるのが面倒になり、のばさずにそのままはさむことにする。
ジャムをおいて
もう一枚でいきなり
はさむ。
腹の足しになってる度
5%
さらに10枚を超えたあたりで、2枚1組で食べるのがまどろっこしくなり、4枚1組方式を採用。
全てのすき間に梅ジャムがはいってます。
腹の足しになってる度
10%
同時にソースをはさむことを思いつく。
あ、味がかわってちょっと新鮮。

腹の足しになってる度
20%
しばらくの間、梅ジャムとソースのローテーションで食べていたが、徐々に飽きてきてしまった。
このへんで約30枚
他にも何か探してみるか。
台所から、
・マーマレード
・いちごジャム
・チョコレートクリーム
・はちみつ
・ごはんですよ
の5種類を選出する。
甘いものが多いのは、ソースと梅ジャムがけっこうしょっぱかったからです。
ソースせんべいコネタ③
ごはんですよが意外と合う。
ただし、ぬりすぎ注意だ
ごはんですよ以外ではマーマレードとチョコレートクリームがおいしかった。
はちみつといちごジャムもおいしいんだけど、続けて食べるには甘すぎでした。
一緒にぬってもおいしい
腹の足しになってる度
50%
さて、新たな味を手に入れ気分よく食べ進む。
順調に50枚超。
まだまだいけるぞ
もふ
腹の足しになってる度
60%
だが、70枚を超えたあたりで口の中の水分が少なくなってモサモサした感じに。
なので、お茶を飲みました。
だばー
腹の足しになってる度
90%
…ところが、このお茶が罠だったのです（自分で勝手に飲んだだけだが）。
90枚あたりで効いてきたお茶
ぬう
腹の足しになってる度
98%
そして100枚にさしかかったあたりで、とうとうソースせんべいの味に飽きてきてしまった。
常にこのあたりにソースせんべいがあるような感じに。
いつもおそばに、的な。

腹の足しになってる度 100%

最終的に、104枚で食事を終えることにしました。
ごちそうさまでした。
せんべいズ

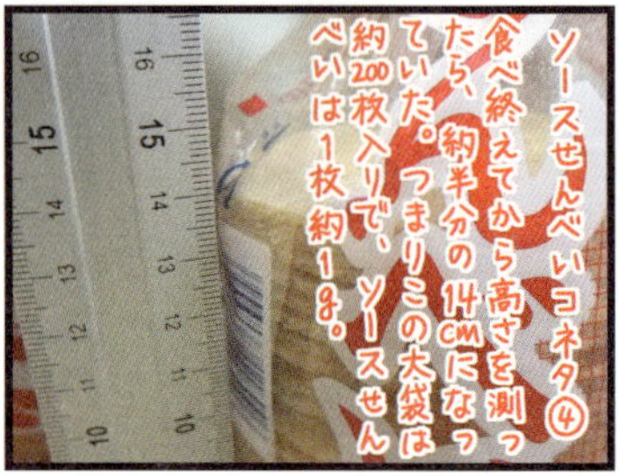
ソースせんべいコネタ④
食べ終えてから高さを測ったら、約半分の14cmになっていた。つまりこの大袋は約200枚入りで、ソースせんべいは1枚約1g。

昔なつかしい
ソースせんべい
昔なつかしい
ソースせんべい
せんべい

あと7食分あるキュイジーヌ

わりとお腹いっぱい

はかなげなソースせんべいも、100枚以上食べれば腹の足しになるということがわかった。
もう食べられないレベルの満腹ではなかったが、そこそこ満足できるほどには食べられた。

ただ、次なる問題は時間である。
何しろ104枚食べるのに1時間半かかったのだ。
いちいちぬりながら食べるので多少時間がかかるとは思っていたが、終わってみれば、貴族のように優雅な食事ではないか。

ソースせんべい・キュイジーヌだ。

ヨーグルトに しょうゆは合うか

以前、トルコ旅行をしたときに飲んだヨーグルトドリンクは塩味だった。アイランというものらしいのだが、これがさっぱりしていて意外においしかった。

ヨーグルトと塩味は合うのだ。
ということは、ほかの塩味系の調味料の中にもヨーグルトに合うやつがあるのではないだろうか。

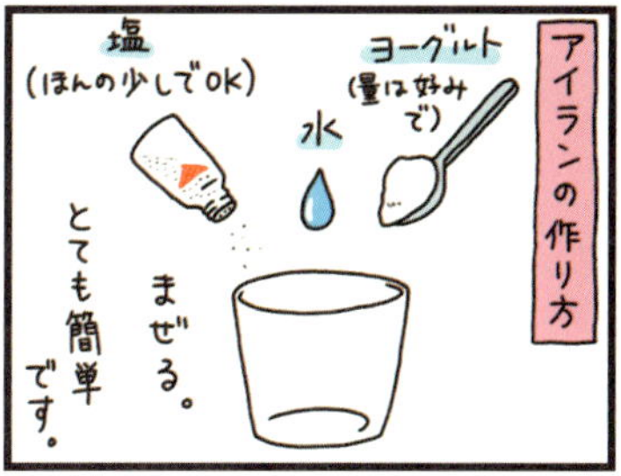

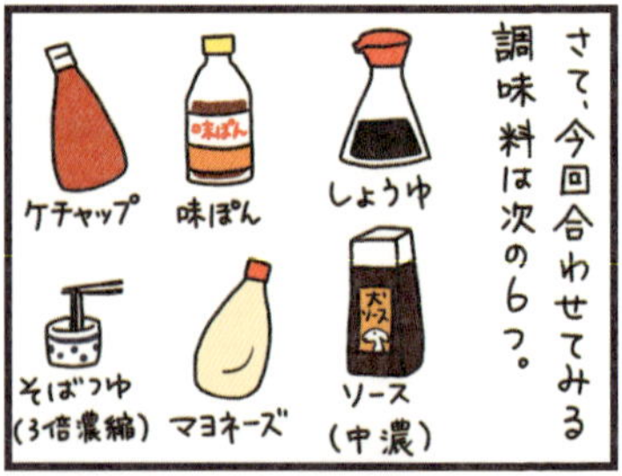
さて、今回合わせてみる
調味料は次の6つ。
しょうゆ
味ぽん
ケチャップ
ソース
（中濃）
マヨネーズ
そばつゆ
（3倍濃縮）

ヨーグルトにかけていきましょう。
ジャム気分で
使えるのは
どれだ

しょうゆ

- 普通においしい
- しょうゆの香りにより、おかずっぽい印象に
- 弱々しいクリームチーズにしょうゆかけた、みたいな味と食感

なお、味のイメージはオリンピックの競技であらわしてみました。
あ、スーパーの、じゃなくて
4年に1回のほうです。

イメージ

ジャンプしすぎてますが
これは100m走ですね。
基本的な
感じを
あらわしたかったん
でしょうね。

ソース

- ソースの味が強い
- ソースのスパイシーさがマイルドになるかと思ったが、むしろ味がとがった感じ

イメージ

図解
正解、というか
剣が長すぎるフェンシング…のイメージ
↑
とがるスパイシーさ

……。

マヨネーズ

・何か足りない感じの味

・まろやかというより、ぼんやり

・ソースを少し入れたらお好み焼き味っぽくなった

味ぽん

・すっきりしてうまい

・柑橘系の酸味とヨーグルトの酸味がちゃんと調和している

イメージ

図解
みじかいリボンで新体操。
足りない感じ

イメージ

図解
柔道の一本勝ちみたいなイメージ。
すっきりわかりやすい勝敗。
べちゃ

そばつゆ

- なぜか冷や奴っぽい味がする
- かつお＋しょうゆとしょうゆからする大豆の風味がそう感じさせるのだろうか
- 思った以上に味の調和がとれて、おいしい

ケチャップ

- おいしい
- ケチャップに少し甘味があるのでフルーツっぽくも思える
- 塩味系ヨーグルトにおいては邪道なのかもしれない

イメージ
野球・サッカー禁止

図解
シンクロ。
調和
豆腐

イメージ
野球・サッカー禁止

図解
ロバでやる
馬術。
邪道っぽさ
なお、上のべつやくは
ロバの方をやっております。

みなさんの成積は次の通り。
金 しょうゆ、味ぽん
ケチャップ、そばつゆ
銀 ソース
銅 マヨネーズ
ゆー
ゆー
1
2
3

わかったこと

ソースやマヨネーズなど洋風なものより、しょうゆベースの調味料のほうが合いやすいというのは意外だった。

それはいいとして、改めてみると自分のポーズの奇妙さが気になる。当初は、ポーズだけで競技が表現できるのではと思い撮影したのだが、どう見てもその競技には見えず(というかスポーツかどうかも危うい)けっきょく図解を描くことにした。

記事に使ったのはまだ「その競技に見えるかな」と思われたもので、使わなかったものはもっとすごかった。

フェンシング

新体操

野球サッカー禁止

ロバ

野球サッカー禁止

撮影した公園で、野球・サッカーだけでなく、オリンピックの競技まで禁止されないことを切に願います。

4 番外編

ここからは番外編。
気になる食べ物を訪ね歩いた
レポートです。
ばか版「くいしん坊！万才」
みたいなものですね。

ばかの くいしん坊!万才

天ぷらあんぱんを食べて

築地市場の場外に、築地木村家というパン屋さんがある。こちらはあんぱんが名物らしく、いろいろな種類のあんぱんがあるらしい。

その中で私が興味を持ったのは「天ぷらあんぱん」なる食べ物だ。小麦粉を練ったものが好きな私にとって、なかなか魅力的な食べ物である。これは食べに行かなければ。
築地で降りる。駅構内で、すでに魚類のにおいがする。
築地市場
汐留
勝どき
ふん ふん
さすがは築地、と思い嬉しくなる。
駅を出たら、魚類のTシャツを売っていた。
まぐろ
さけ
かつお
あゆ
鮎
「鰐」はなかった。
では、木村家に向かってみましょう。
あんぱん食うぞ、
ぱーん。
到着です。
こちらにあんぱんたちが並んでいます。

天ぷらあんぱんの前に、その他のあんぱんの一部(この日あったもの)をご紹介。
けしあんぱん(こしあん)
つぶあんぱん
メロンあんぱん
ずんだもちあんぱん
レモンあんぱん
カフェオレあんぱん
クリームチーズあんぱん
名前だけ見ると、「おっ」と思うものもあるが、どれもちゃんとおいしいのがすごい。
さらに、どれもちゃんとあんぱんなのもすごいぞ。
もふもふ
そしてあんぱんソフトクリーム。
あんぱんラスク
ソフトにもあんがまぜてあります。
新商品カフェオレあんぱんフロート。
かぼちゃあんぱんラスク
あんソフトとコーヒーが合ってうまい。
あんソフトクリーム
コーヒー
そして念願の天ぷらあんぱん。
興奮してピントが地面に合いました…。
さっそく、かじってみる。
アツアツではないが、ほのかにあたたかくて衣がサクサクとしている。
サク
衣の塩味とあんが、いい感じに合っていて、おいしい!!
おしるこに塩を少し入れるとおいしくなるのと同じ効果だろう。

そして個人的には、油をすった衣とやわらかいパンのハーモニーがすてきだと思う。
うまいな
その夜、ふと、これをおかずパンで作ってもおいしいのではないかと思った。
そこで、
天ぷらにするべく、好きなおかずパンを考える。
やきそばパンに決定。
天ぷらやきそばパン
ONLY小麦粉。
ソバがちょっとこげた→
では、いただきます。
さく
表面はサクサクしてなかなかです。…が。
中身が炒めものだったためか、ものすごく油っぽい。
外は揚げもの
中は炒めもの
なーんだ
久しぶりにキャベジンのみました。

反省

天ぷらあんぱんはおいしかった。あっと言う間に食べてしまった。その他のあんぱんもおいしかった。

…そこでやめておけばよかった。

調子に乗って何かわかったようなことをすると、胃がもたれることがある。何やら、イリップ童話っぽい結論を出してしまいましたが。

イリップ童話
イメージ図

パンダとゴリラのエサをいただく

上野動物園内の食堂では、パンダとゴリラのエサが食べられる。「体験メニュー」なるもので、動物たちのエサを食べてみて動物をもっと身近に感じよう、というものだそうだ。

身近に感じてきたゴリよ。

園内には、東園と西園の2つの食堂があり、体験メニューはどちらでも食べられるようです。
私は西園の食堂に行ってみたゴリよ。

食堂入口のサンプルを見てメニューがあるのを確認。
でも、なぜかあんまり目立たないところに。
あるな。

※残念ながら、こちらのメニューはなくなってしまったようです。

ばーん。
シュアンシュアン風
おかゆ(白米)
リンリン風
ミルクかゆ(麦入り)
パンフレット
体験メニュー
パンダかゆ🐼セット
～ジャイアントパンダの食卓への誘い～
にんじん&
りんごピューレ
熊笹エキス入
抹茶ゼリー
パンダだんご
スマトラトラ
©TOKYO ZOOLOGICAL

パンフレットによると、この体験メニューは全てヒト用にアレンジして開発されたものらしい。
でも基本的には同じものみたいパンね。

では、いただいてみます。
まずは おかゆ 2種を。
もふ
もふ
白米かゆもミルクかゆも、普通のおかゆだ。

味つけはかなりうすく、ヒトには少し物足りない感じもしたが、エサ感はゼロだ。
思っていたより うまいぞ、パンダエサ。
続いて、ぜリー。こちらは完全にヒト用に作ったものらしい。
ところで 笹って 食べにくそうだ
わし わし
笹の香りがさわやかだが、これもかなりうすす味。歯ごたえがない分、ややエサ感あり。
次は、パンダだんご。串だんごや、すあまのような食感。
あんこが 入っていたら 超うまい と思う。
これもほのかな甘さという味だが、和菓子のようでもあり、エサ感はあまりない。
最後はにんじん&りんごピューレ。すりおろしたにんじんとりんごです。
味はりんごの味のほうが強く、にんじん味はほとんどしない。
1
2
味としては一番しっかりしているのに、なぜか一番エサ感を強く感じた。
全体に量はそれほど多くなく、すぐに食べおわる。
ひとまず ごちそうさま でしたパンよ。
引き続き、ゴリラのエサも食べてみましょう。

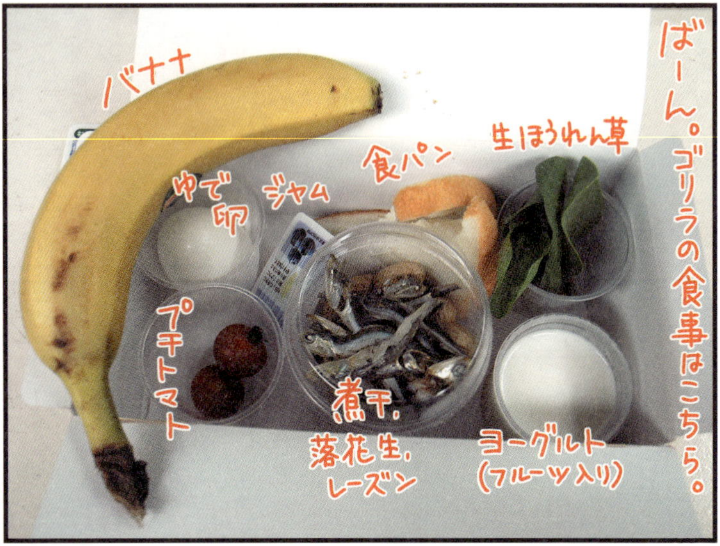
ばーん。ゴリラの食事はこちら。
バナナ
生ほうれん草
食パン
ゆで卵
ジャム
プチトマト
煮干、落花生、レーズン
ヨーグルト（フルーツ入り）

なんとなく、パンダのよりも強いエサ感を感じるのは気のせいだろうか。
箱はランチボックスになっていてかわいいゴリね。
メニューをひとつずつ見てみよう。まずはザ・ゴリラ的食べ物、バナナ。
ナババはおやつに入るんですか
これは、ゴリラの食事である以上、エサ感云々ではなく必要だ。…と思う。たぶん。
食べごろチャート10
続いては、ゆで卵。
ちゃんと塩もついてるゴリね。
ゆで卵は、エサというよりお弁当というイメージか。エサ感はない。
ヨーグルト。缶詰のフルーツが入っていたりして、普通にうまい。
ヘルシー
これも、エサというよりは何かセットのサービスでついてくるデザートみたいだ。

次は生ほうれん草とプチトマト。ドレッシング付。
生ほうれん草という部分に、少しエサっぽさが出てきた気もします。
続いて、煮干と落花生とレーズン。
…あ！このゴチャゴチャ感はエサっぽいぞ。
そして一緒に入っているため、レーズンに煮干のにおいが移っている。
煮干フレーバーになってるゴリ。
それもまたエサ感増量でいい感じだ。
最後は、パン。
この曲がりっぷり、見事なエサ感を表現していると思います。ワンダホー！
では、もう少し引いた視点からもパンダエサとゴリラエサを見つめてみましょう。
これはおはようからおやすみまでを見つめるあれ。
まず気づいたのは、入れ物による見た目の差は大きいのかも、ということ。
おれ、箱。
おれ、皿。
さらに、調理されているかどうかも、見た目に関係がありそうです。
ほとんどそのままゴリ。
煮たりむしたりしてるパンね。
と、ここまで考えて、どう見えてもエサであることに変わりはないな、と気づく。
エサ感ゼロとかいってもエサだったんだよね。

ごちそうさまでした

確かに、エサを食べることで動物を身近に感じることができたような気がする。
特にエサ感が強めのものを食べているときには、動物になったような気さえして、面白かった。

そこで、もっと他の動物メニューも作れるのではないだろうかと思い、考えてみました。

- ライオン、トラ　メニュー→生肉
- ヤギ、ヒツジ　メニュー→ワラ、草
- ペンギン　メニュー→生魚
- ヘビ　メニュー→カエル
- アリクイ　メニュー→蟻

たぶん、こんな。
ささ、えんりょせずに
丸のみしたまえ。
丸のみですか…

…いかがでしょうか。
それでは、どうぞよろしくお願いします。

インドのカップめんには汁がない

以前、テレビでインド版カップヌードルの話題をやっていた。それによると、日本の汁気の多いヌードルはインドで受けが悪いため、向こうでは汁なしタイプのヌードルが普通なのだとか。

それは「やきそば」ではないのかと少々疑問に思ったが、インドに行く用事も特にないので、半分忘れかけていた。が、なんとこの度インドに行く用事ができた。完全に忘れる前じゃなくてよかった。

ならば買ってきてみよう、
インド版カップヌードルを。

入手するまで
デリーポータルZの更新中、
街を歩いたら 食料品店が
見つかるのではないかと考える。
で、
そこで
入手するの
だ。
だが、更新のために行った繁華街では食料品店的なものを見つけられず。
渋谷にヨーカドーが
ないのと似たような
ことか？
サリ～
翌日、地図にあったスーパーバザールというところへ行こうとリキシャーに乗ると、
リキシャー（オートリキシャーとも）
これは
その時乗ったリキシャーでは
ないです。
なんか違う名前の店に着いた。
JASMINE THE MINI MART
17 MEHAR CHAND MARKET,
LODHI ROAD, NEW DELHI

違うなーと思うが、食料品はあるみたいだったので入ってみる。
取扱品目…おかし、スパイス、乾物、洗剤等の日用品

店の奥にインスタントめんのコーナーを発見。だがあったのはカップヌードルではなくマギーヌードルだった。
マギーはマギーブイヨンのマギーです。
とりあえずマギーは入手。

その後、地図でもう一カ所スーパーバザールというのを見つけ、その場所に行ってみると、
このへんだと思うのだが…

見事な廃墟。
AUTH. PARKING
ER.& CAR 24 HRS

デイリーポータルZのライターの中でも、ずば抜けて無口な人物、藤原に
廃墟ですね
ああ、廃墟だ
と発言させるほどの、完璧な廃墟だった。
その後も、街を歩きながら気にしてみたが、遂にカップヌードルに出会うことはできなかった。
スーパーバザールにも出会えなかったよ。
帰国してから調べてみたら、マギーの方がシェアが大きいみたいでした。
入手までの話、おしまい。
さて、買ってきたのはマギーヌードルの
Chilly Chow Yo! 味と、
Maggi
Cuppa Mania
Chilly Chow Yo!
Maggi
Cuppa Mania
Masala Yo!
Masala Yo! 味。
どちらも作り方は同じ。
OPEN FILL STIR GO!
湯を入れて
4分待つ。
まぜて食す。
Close.
Hold ~ 4 mins.
Open lid half way.
Fill boiling water upto inside line covering the noodle cake.
Open.
Stir well. Enjoy!
Fork Inside.
矢印がダイナミック
そして、ヌードルを食べるヌードルヘアーの男性も両方に。
ここまでの疑問
・味の種類についているYo!は、ラッパーの人の言うYo!か
・このヌードルヘアーの男性は誰か
正解をご存知のかたがいらっしゃいましたらご一報ください。
作ってみましょう。
まずはChilly Chow Yo!のほう
フタをあけます。
めりょ

あ。
フォークがスパイスまみれになっていました。
フォークを救出し、お湯を入れて、
お湯はカップの半分くらいまで。
4分待ちます。
おとなしく待つ筆者。
4分たったのでまぜようとしたのだが、
フォークがメキョってなってなかなかまぜられない。
…と、長い道のりでしたが、ようやく食べるところまでこぎつけました。
いただきまーす
・カップヌードルの汁だけ先に飲んじゃった、みたいな食べ物だ
・めんは、昔食べたベビースターカップラーメンに似てて駄菓子っぽい
・味のほうは、スパイスが利いているが、いわゆるカレー風味ではなくスパイシーな野菜コンソメのような味。おいしい
Masala Yo!のほうは本格カレーヌードルといったにおい。
もちろんフォークはカレーまみれ。
いただきます。

汁なしヌードルと やきそばは違うっぽい

本編にも書いたが、汁なしヌードルはカップヌードルの汁がないもの、あるいは汁を吸ってしまったカップヌードル、という感じの食べ物だった。湯切りする日本のインスタントやきそばとは別物と考えていいだろう。

マギーヌードルふたつのうちでは、Chilly Chow Yo!のほうが好きな味だった。1つしか買わなかったことが悔やまれる。いつかまたインド行けたらたくさん買ってこよう。

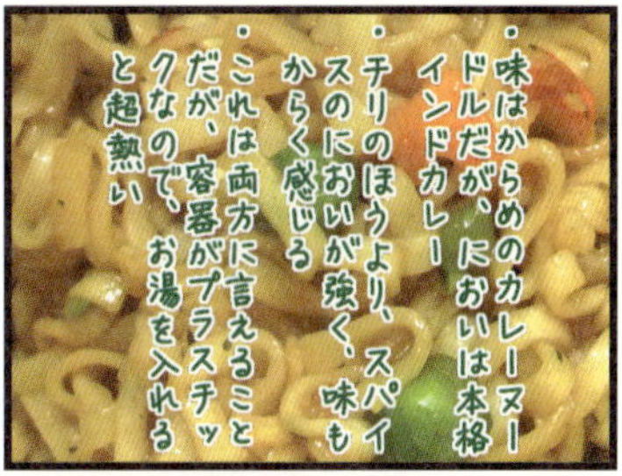

・味はからめのカレーヌードルだが、においは本格インドカレー
・チリのほうより、スパイスのにおいが強く、味もからく感じる
・これは両方に言えることだが、容器がプラスチックなので、お湯を入れると超熱い

似たような容器のやきそばがスーパーに(日本の)あったので、これも食べてみましょう。
JAN JAN
ソース焼そば
ジャンジャン
熱湯3分

・めんがしっかりしている
・味はおなじみのソース味
・お湯を入れても、容器が激しく熱くならない
・湯切りとか、小袋を入れる順番など、作るのは少し面倒

結論
日本のめんにインドの味つけをして、日本の容器に入れたらいい。
あと、パッケージにヌードル頭の男をプリントしたらいい

おまけ

インドで「ゴースト」という映画をやっていました。
昔はやった映画「ゴースト」のインド版かもしれません。
真ん中にゴーストっぽい人がいるし・・・と思ったら、

ゴースト、多すぎ！

どこの店の氷が食べやすいのか

暑いときに飲む、冷たい飲み物は幸せだ。
さらに、冷たい飲み物に入っている氷を食べるのも幸せだ。
ところでこの冷たい飲み物に入っている氷、喫茶店やレストラン的な店のものより、ファーストフードのほうが食べやすい気がする。店の雰囲気が、とかいう話ではなく、形状が。

喫茶店とかだと、大きめの四角い氷だったり、
うかうかしてるとロックアイス入ってたり

それに比べてファーストフードの氷は小さい気がするのです。

さらに記憶を辿ると、ファーストフードの中でも、
いろいろな形状の氷があったように思える。

そんなわけで暑い日にガリガリ食べやすい氷はどれなのか、探すことにしました。

新宿にやってまいりました。
なんと、新宿はベッカーズ以外の主なファーストフード店が備わっているのです。
あと渋谷にも備わってるけど。
PePe
ALTA
※地図は09年7月時点のものです。
そこで、このようなルートを考えました。
①ファーストキッチン
②ケンタッキー
③バーガーキング
④モスバーガー
⑤フレッシュネスバーガー
⑥ウェンディーズ
⑦マクドナルド
⑧ロッテリア
西武新宿
旧コマ
新宿区役所
靖国通り
アルタ
紀伊国屋書店
新宿通り
明治通り
いせたん
しんじゅく
ゴール
ヨドバシゾーン
小田急とか京王とかルミネ
ルミネエスト
甲州街道
高島屋とか
スタート!
上記のルートなら、店と店の間隔が少しあるので、すぐ次と、なりにくいのでは、と考えたのです。
渋谷は、店の間隔が近かったので断念しました。
まずはファーストキッチン。
ファーストキッチンはあのソースバーがすばらしいですよね。
あれがつけたくてポテト買っちゃうこともしばしば。
特にいいのが明太子マヨネーズだ。
べつやくマヨネーズ
明太子マヨネーズのことはおいといて、氷を見てみますが。
・・・・・
・・・やはり飲まないと見えにくいかな。
ちゅう〜
大きさは2cm×2cm×1cmほどでしょうか。
空気の入っていない、クリアな氷です。

食べてみましょう。
ばりぼり
ばり
ぼりばり
ぼりばり
・厚みがないので、噛み砕きやすい。
・中に空洞があるタイプの氷もあり、それはかなり心地よくポリッと割れる。
形状
2
2
1
←でっぱりがある
こういう形の氷が折れているのでは、と思う
続いてはケンタッキーフライドチキン。
チキンフィレサンドは一時期はまりましたよ。
エッグタルトも好きだったけどいつの間にかなくなってて残念。
withドリンクの状態。
一気に飲んでいきます。
ちぅ〜
形が不定形の小さいタイプの氷です。ところどころに小さい気泡も見えます。
・小さいので噛み砕きやすい。
・気泡が入っているからか、サクサクしてスナックっぽい
・私の記憶では、マクドナルドもこの形状だったと思う。
形状
1
1
1.5
なんとなく直方体
表面は少しざらついています。
そして…
2件めにして早くもおなかたぽたぽだ。
たぷーん
たぷーん
今思えば、このへんから注意しておくべきだったのかもしれない。

次はバーガーキングへ。
日本への再進出後、初バーキンだ。
ついサンデーも買ってしまった。
うふふ
早くサンデーが食べたい一心で、一気する。
サンデーを食べていたらきっと氷が溶けちゃうから…
ちゅ～
バーガーキングの氷は大きめのしっかりした形。
空気はほとんど入ってません。
・大きくて厚みがあるからかスナック感覚では噛み砕けない。
・ケンタッキー型よりも冷たく感じる。
形状
2
2
1.5
他の店より溶けにくい感じがしましたよ。
モスバーガーへ。
そういや 家から一番近所にあるファーストフードはモスバーガーだな。
食べにくいけどうまいよねモスバーガー。
このあたりから、冷たい物を飲むのがつらくなってきた。
がんばれ俺！がんばれ俺の胃！
…と素で思う。
ちゅ～
モスは、ケンタッキー型の氷でした。
おまけ
え？誰から？流し目社長？誰それ？…ああナガシマ社長かー
聞きまちがってるおっちゃんがいました。

・おなかはたぽたぽなのだが食べやすいのでつい食べてしまう。
・このタイプは溶けやすいので食べるためには一気しなければならず、ちょっとつらい。
このタイプの氷は「スナック」として売ったらいいのでは。
乗るにはちょっと不安定。
次の店に向かおうと外に出たのだが、このあたりから体が冷えてきたように感じた。
歩いたりして体を温めねば。
散歩がてらセールでも覗いてみることに。
無難な色の無地のワンピースがあるといいなー。
しかし、この日は買い物勘が全く冴えなかった。
ものすごい冬物を手に取ってしまったり、
アバンギャルドを手に取ってしまったり、
毛だね
毛皮→
ウール→
どこから何を出せばいいのか
そもそもこれは何だ
でもせっかくだから何か買おうと思いマニキュアを買うが、
セール品じゃなかったり。
冴えない買い物、ここに極まれり。
それでも、うっすら汗はかいたので、次の目的地フレッシュネスバーガーへ。
フレッシュネスバーガーってあんまり行ったことないなー。
近くになかったよ。
気持ち的に新鮮だ。
↑うまいこといえたぞ。
こちらもケンターモス型の氷でした。
これが一番効率よくできる氷なんでしょうな。
・メモに「相変らず食べやすいが、今日はもういいかな」って書いてあった。
・コーヒーがおいしかった。
小粋な髪かざりとしての氷

残すところ、ウェンディーズ、マクドナルド、ロッテリアとなりましたが、冷たい物あと3杯はつらいと感じ、
マックはいろんな所にあるから、明日のベッカーズと一緒にしよう
…ということにしました。
残り2店のうちのひとつ、ウェンディーズへ。
ウェンディーズって昔サラダバーがあったよね
あと、ケチャップの出てくる蛇口も
たぶん蛇口じゃない
ウェンディーズも、ケンタ・モス・フレッシュネス型だ。
あと、氷の量が少なかった。
・氷の量が少ないことは、店としてとても良心的だと思う。思うのだが、今に限っていえば苦しい。
氷を使ってアンニュイなポーズ
にゃーーい
何かあたたかい物が食べたくて、チリチーズポテトを買う。
あたたかいのが嬉しくて、わき目もふらずに食べてしまった。
あたたかいってすばらしい!
VIVA! あたたか!
ノーベルあたたか賞!
もふもふもふ
もふもふ
が、ポテトを食べてもまだ体が冷えている感覚があったので、何か羽織るものでも買うかと駅ビル(ルミネエスト)へ。
カーディガン持ってくればよかったなー。
こんなに冷えるとは思わなかった
そういえば、ウェンディーズで、混んでてお手洗いに行かなかったんだ
行っとこ

帰って1日寝てました

トイレで動けなくなってしまったとき、最も恐れたのはドアを開けられてしまうことだった。ドアに体重のほとんどをかけて寄りかかっていたのだ。

ドアが開いたら、後ろに倒れて後頭部を強打する自信があった。うまく手をついたり、とっさに尻もちをついたりできるはずがない。そもそも私の運動神経は、健康なときにだってそんなウルトラCには対応できない。

トイレで後頭部を強打しないためにも、体調管理にはくれぐれも気をつけなくてはと反省しました。

そして個室に入った瞬間、
血の気が引いていくのがわかり、
あれ…？
すー

動けなくなりました。
ど、ど、ど、どうしよう…
便座につかまり、ドアにもたれてしゃがんだ

思ったこと一覧

- 貧血っぽい感じ
- 人のいるところでならなくてよかった
- 長いこと個室に入っていると怪しまれるのではないか
- 怪しまれたら、具合が悪いって言おう
- 開けられたりしないか
- 閉店までに動けるようにならなかったらどうなるだろう
- 救急車か
- それは恥ずかしい
- それに病院に行くほどのことじゃないと思う
- でも、行くほどだったらどうしよう
- 何を基準に判断すればいいかわからない
- 自分の命が危険かどうかが、わからないということか
- そいつは困った
- 今年いちばん困ってる瞬間だ

30〜40分後、意を決して立ちあがり、速攻でタクシーに乗り、帰りました。
具合悪くなったら言ってねー
はい…
返事するだけで精一杯。

そういえば

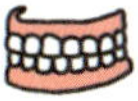
総入れ歯

個人的には、食べやすい上に氷っぽさも楽しめるファーストキッチンの氷を、食べやすさ暫定1位ということにしたいです。なお、今回行かれなかったロッテリア、ベッカーズ、マクドナルドには近いうちひっそり行って調べておきます。

おいしい ホットケーキめぐり

1ヶ月ほど前に友人から、蒲田においしいホットケーキを出す店があるらしいよ、という話を聞いた。

「おいしいホットケーキ」という言葉が頭から離れなくなり、ホットケーキ食べたい欲が急激に盛り上がってしまった。しばらく食べていないこともあり、ホットケーキが夢のような食べ物に思えてくる。そのうちに、ホットケーキから羽でも生えてきそうなほど、夢が盛り上がりはじめたので、早いところホットケーキを食べて現実を思い出さなくては、と思う。

調べてみると、蒲田の店も含め、ホットケーキの名店と呼ばれる店がいくつかあったので、めぐってみることにしました。

まずは、教えてもらった蒲田のお店シビタスをめざす。東急プラザ（駅ビル）の４Fだ。
東急プラザには何度も足を運んでいるが、そのような店があったとは知らなかった。なんだか損したような気分だ。

蒲田駅のハト

エスカレーターを降りたところにお店の案内板があり、ホットケーキという文字が見える。私はこれを見落としてたのか。

こういう場合「私の目はふし穴か」とよく表現するが、ふし穴は「穴」なので目を表現するにはちょっと違うのでは、と思うのだ。ただ、つっこみとしての語呂のよさはけっこう気に入っている。…どうでもいい話だった。

案内中

ふし穴と目の違い

店に入り、ホットケーキを注文する。
調べた話の受け売りで申し訳ないのだが、ホットケーキ界には万惣という老舗の名店があり、このシビタスのホットケーキはその万惣の味を忠実に受け継いでいるのだそうだ。
少しして、待望のホットケーキが運ばれてきた。

ばばーん（シロップは自分でかけました）

ホットケーキミックスの箱の写真のような、これぞホットケーキという姿をしている。蜜をかけ、バターを少し溶かし、食べてみる。表面がサクサクとしていて意外な感じがするが、そのサクサク部分がなかなかおいしい。食べ終えて、幸せな気分を反すうしつつ周りを眺めてみると、男性3名がホットケーキをおいしそうに食べていた。

図解

次の目的地は鎌倉のイワタコーヒー店。
鎌倉までは滅多に行かないので、秋の鎌倉を散歩しながらお店を探そう、ケケケケ(笑い)、などとたくらんでいたのだが、店は駅からすぐのところで、散歩する余地は全くなかった。

笑い

すぐにある

お店は、小学校の頃のお金持ちの同級生の家といった雰囲気で、妙な懐かしさがあり、落ちつく。注文してから30分ほどして、ホットケーキがやってきた。

どーーん

2センチほどの厚みがある、エキサイティングなホットケーキである。スポンジケーキのような見た目だが、中身はスポンジケーキほどみっちりしていないので、これだけの大きさがあっても軽く食べられてしまう。表面はシビタスのものよりもカリっとしていて、このカリカリ部分がやっぱりうまい。近くの席では、かっこいい男女が、「休みの日でも朝7時には起きたいね」などと話していた。違う国の人だと思う。

図解

日本語だけど、違う国の人々

次のおいしいホットケーキは日本橋の花時計というお店。日本橋で働くOLさんなどに人気のお店らしい。

ホットケーキLサイズもあり

これは腹時計

看板を見つけてお店に入る。お客さんはいなかった。清潔感のある店内に、静かにクラシックが流れている。だが、なぜか喫茶店ぽくないなと思ったら、明かりが蛍光灯だった。ああ、蛍光灯、などと思っているうちに、ホットケーキが運ばれてきた。

じゃーーん

シビタス同様、ホットケーキの見本のようなホットケーキだ。だが、ナイフを入れてみるととてもやわらかく、弾力があってフカフカで、やさしい味がした。あはははは、うふふふふ、って感じだ。断じて、げひひひひ、ぐへへへへ、ではない。

違い

あはははは
うふふふふ
げひひひひ
ぐへへへへ

正解　　これ違う

フカフカの食感がうれしくて、食べ終えるのがもったいないと思うくらいだった。お店は、とても静かだったので、「ブヒ」などという音をたてたりしないよう、細心の注意を払った。

フカフカ
フカフカ
フカフカ

図解

ブヒ禁止

最後は、青山の香咲(カサ)というお店。
外苑前の駅から外苑西通りを信濃町に向かって歩いていたら、電話がかかってきた。「〇〇(女性の名前)?おれ、おれおれ。憶えてる?」残念ながら、私は〇〇ではなかった。当然、電話の相手についても知らない。違うという旨を伝える。
「そんな冷たいこと言わないでよ。ねえ、今日あいてる?」
この人は知ってる人からもこんな対応されてるのだろうか。同情しつつ、再度説明する。
「あ…すんません」
気がついたら、曲がるところを随分と過ぎていた。

角2つくらい過ぎてた

来た道を戻って、店に到着。いい雰囲気の入り口である。

緑多め

お店の中も、落ち着いた雰囲気で居心地がいい。
期間限定らしきおすすめメニューの焼りんごにもかなり心揺らいだが、誘惑に負けずホットケーキを注文することに成功。しばらくして、コーヒーとともにやってきた。

ばーーん

こちらのホットケーキは、2枚重ねではなく1枚だった。
ただ、バターが2ブロックついていたり、ホイップクリームがついていたり、シロップにカラメルの香りがついていたりと、細かい部分に丁寧さが感じられる。
ホットケーキは、口の中でホロホロとほどけるような食感で、いままでのものとはまた少し違う味わいだった。店では、バイトの募集に35才の男の人が応募してきたという話をお店の人同士でしている。
「私、自分より年上の人に仕事教えるのはやりにくいかも」と、言うお店の女性。まあ、そう言うなよ、と思う34才(当時)であった。

でも、こんな人だったら確かに
教えにくいかも

幸せの味だ

ホットケーキは、子ども時代のふんわりした幸せを思い出させてくれる食べ物だ。

兄がまだぐれる前、唯一うまく作れるホットケーキを作っては、よく食べさせてくれた。その後、兄は何度も家出をしたり、警察の世話になったりするのだが、そんなことになるとはみじんも思っていなかった頃の、家族が幸せだったころの味なのだ。

そんな兄も社会に出てから真面目になり、いまでは5才の娘の父親である。たまには娘にホットケーキを作ってあげたりしているのだろうか。

ちなみに、私に兄はおりません。

あとがき

この本のもとになったデイリーポータルZというサイトは、「自分のやりたいこと、興味のあることを記事にする」というサイトです。
なので、日々甘い物を摂取したいと思っている私が、スイーツ系の記事をかいてしまうのは仕方のないことだったと思います（この残念さが漂う空気は、甘い物を食べるたびにダイエットに失敗してきたから）。
ただ、こうして本にまとめることができたので結果的にはよかったと思います（ダイエットは失敗だったけど）。

さて、それまでただ好きで食べていた甘い物を「仕事」として食べることにもなったわけです。
たいてい、味や匂いや食べたのときの感情などを意識しながら食べているのですが、そんな中、ひとつ気がついたことがあります。
甘さ控えめのものを食べると心底がっかりしてしまい、また「甘くなかった」という悔しい思いからより甘い物を求めてしまうのです。

失敗する筆者

私の脳は、「食後のデザートを食べた」という雰囲気ではなく、「砂糖が摂取できたか否か」を判断しているみたいなのです（逆に、しっかり甘い物なら少量でも満足）。このことに気がついたとき「ちょっとおかしいんじゃないかな、自分」と思いました。もしくは、前世がアリだったとか。

前世

調べてみると、砂糖中毒は本当にあるみたいなのでけっこう本気（まじ）で気をつけようと思いました。
前世がアリだったと思われる人はみなさん、気をつけてください。

最後になりますが、アスペクトの河田さんと前田さん、デザイナーの平塚さん、デイリーポータルZの林さん（↑流れで敬称をつけてしまいましたが、旦那でもあります）大変お世話になりました。ありがとうございます。
そして何より、この本を手にとっていただいたみなさんに感謝を。どうもありがとうございます。

2011年7月　べつやく　れい

初出一覧

本書はニフティのポータルWebサイト
「デイリーポータルZ」(http://portal.nifty.com/)に
掲載されたものを中心に、
大幅な加筆・修正・描き下ろしを加えて
再構成したものです。

わっしょい
わっしょい
ぼーん

1

100%チョコレートパフェ
「コネタ」
2005年11月17日

牛乳で作ったらうまいのでは
「土曜ワイド工場」
2006年8月19日

地獄デコでバレンタイン
「ロマンの木曜日」
2010年2月11日

いろんなイモでイモモチ
「ロマンの木曜日」
2009年10月1日

干し梅を食べ比べました
「コネタ」
2006年1月19日

2

クッキーで作るタコ図鑑
「ロマンの木曜日」
2011年2月3日

簡単にショートケーキが作りたい
「ロマンの木曜日」
2009年12月17日

パピコはあっためてもおいしい
「ロマンの木曜日」
2010年1月21日

野菜ジャム作りました
「ロマンの木曜日」
2009年5月14日

柿とピーの割合を研究する
「ロマンの木曜日」
2009年8月6日

3

養命酒ケーキを作る

「ロマンの木曜日」
2009年6月4日

ドクターペッパー牛乳できました

「ロマンの木曜日」
2009年11月12日

究極のプリンアラモード

「ロマンの木曜日」
2010年7月29日

いろんなパンでラスクを作ろう

「ロマンの木曜日」
2010年11月4日

ソースせんべいは腹の足しになるか

「ロマンの木曜日」
2010年11月25日

ヨーグルトにしょうゆは合うか

「土曜ワイド工場」
2008年8月23日

4

天ぷらあんぱんを食べて

「コネタ」
2005年8月25日

パンダとゴリラのエサをいただく

「土曜ワイド工場」
2006年5月27日

インドのカップめんには汁がない

「ロマンの木曜日」
2010年4月8日

どこの店の氷が食べやすいのか

「ロマンの木曜日」
2009年7月2日

おいしいホットケーキめぐり

「土曜ワイド工場」
2006年10月21日

著者略歴

べつやく れい

イラストレーター。東京生まれ。女子美術大学卒。OL などを経て、2001 年よりイラストレーターに。
著書に「しろねこくん」「しろねこくん DX」(以上、小学館)、「ひとみしり道」「東京おさぼりスポット探検隊」(以上、メディアファクトリー)、「ココロミくん 1～3」(以上、小社)など。
甘い物好きだが、「おいしさ」より「甘さ」を優先する傾向が見られるため、 美食家みたいな感じとはほど遠い。強いて名付けるなら砂糖家とか糖分家だろうか。好きな甘い物は、「お菓子を作る過程でできる、室温に戻したバターと砂糖をまぜた物」。

ばかスイーツ

2011年9月6日　第1版 第1刷　発行

著　者　べつやく れい
発行人　高比良公成
発行所　株式会社アスペクト
　〒101-0054
　東京都千代田区神田錦町 3-18-3　錦三ビル 3F
　Tel.03-5281-2551／Fax.03-5281-2552
　http://www.aspect.co.jp/

印刷所　中央精版印刷株式会社

ブックデザイン
　平塚兼右（PiDEZA Inc.）
　新井良子／矢口なな
協　力　林 雄司
　（「デイリーポータル Z」Web マスター）

ISBN978-4-7572-1967-0